인물 도서관
체 게바라

구텐베르크의 전기 총서 『인물도서관』

한 사람의 삶은 하나의 도서관이다!

우리는 살아가면서 수많은 경험을 하고, 그 경험은 한 권 한 권의 책처럼 우리 안에 쌓여갑니다. 흥미진진하고 감동적인 소설책 같은 이야기도 있고, 웅장하고 거대한 서사가 담긴 영웅담 같은 이야기도 있으며, 지독히도 어렵고 난해한 학술서 같은 이야기도 있을 것입니다. 기쁨, 슬픔, 사랑, 분노, 성공, 실패 등 다양한 감정과 기억들이 우리라는 하나의 도서관을 빼곡히 채웁니다.

구텐베르크의 전기 총서 『인물도서관』은 '한 사람의 삶은 하나의 도서관이다!'라는 모토에서 시작된 시리즈입니다. '아프리카의 현자'로 불리는 소설가 아마두 함파테바도 1962년 유네스코 연설에서 "노인 한 사람이 죽는 것은 도서관 하나가 불타 사라지는 것이다"라고 말한 바 있습니다. 한 사람의 생애사를 이해하는 것은 인물도서관이라는 독특한 도서관에 꽂힌 다양한 분야의 책들을 읽는 것과 같습니다.

구텐베르크의 전기 총서 『인물도서관』은 세계사를 빛낸 역사적 인물들을 추려 한 인물의 삶을 하나의 도서관으로 설정하고, 그 인물에 관한 이야기를 도서분류체계인 십진분류법에 따라 구성합니다. '000 총류, 100 철학, 200 종교, 300 사회과학, 400 자연과학, 500 기술과학, 600 예술, 700 언어, 800 문학, 900 역사'라는 분류법을 따라 생애사를 읽다 보면, 한 사람의 삶이 얼마나 복합적이고 다면적인지 새삼 깨닫게 됩니다. 읽고 싶은 이야기를 한 자리에서 모두 읽을 수 있는 도서관처럼, 한 권의 책으로 역사적 인물의 이모저모를 알 수 있는 『인물도서관』으로 독자 여러분을 초대합니다.

contents

연표
지도로 보는 체 게바라의 생애

000 총류

030 백과사전
     체 게바라의 프로필

100 철학

180 심리학
    체 게바라의 심리 분석

200 종교

200 종교 일반
무신론자 체 게바라

300 사회과학

300 사회과학 일반
체 게바라를 혁명가로 만든 사회

340 정치학
체 게바라의 혁명 사상

380 풍습, 예절, 민속학
체 게바라의 일상과 라틴아메리카의 풍경

400 자연과학

400 자연과학 일반
체 게바라가 살던 시대의 자연과학 발전 상황

500 기술과학

- 500 기술과학 일반
  체 게바라가 살던 시대의 기술과학 발전 상황

- 510 의학(1)
  체 게바라가 살던 시대의 의학 발전 상황

- 510 의학(2)
  체 게바라의 건강 상태와 의학도로서의 길

600 예술

- 600 예술 일반
  예술 속 체 게바라의 모습

700 언어

704 강연집, 수필집
  체 게바라의 어록

800 문학

800 문학 일반
체 게바라가 사랑한 문학작품들

900 역사

900 역사 일반
체 게바라가 세계사에서 갖는 의미

체 게바라의 영향력 평가
사서의 북 큐레이션

체 게바라 연표

1928년	아르헨티나에서 출생
1948년	부에노스아이레스대학교 의과대학 진학
1951 ~ 1952년	첫 번째 라틴아메리카 여행과 『모터사이클 다이어리』 저술
1954년	과테말라 쿠데타를 막기 위해 민병대에 합류
1955년	멕시코에서 피델 카스트로와 첫 만남
1959년	피델 카스트로와 함께 쿠바 혁명에 성공
1962년	쿠바에 소련의 핵무장 탄도 미사일 배치에 주요 역할 수행
1965년	쿠바를 떠나 콩고 혁명에 참여
1966년	볼리비아 게릴라전에 참여

세계사 연표

1928년	켈로그·브리앙조약 체결
1950 ~ 1953년	6·25 전쟁
1954년	과테말라 군사 쿠데타
1955년	소련과 동유럽 8개국, 바르샤바조약 체결
1959년	쿠바 혁명 미·소 간 캠프 데이비드 회담
1962년	쿠바 미사일 위기 사건
1965년	미국, 북베트남 폭격 시작
1966년	프랑스, NATO 통합군에서 탈퇴
1967년	제3차 중동 전쟁 발발

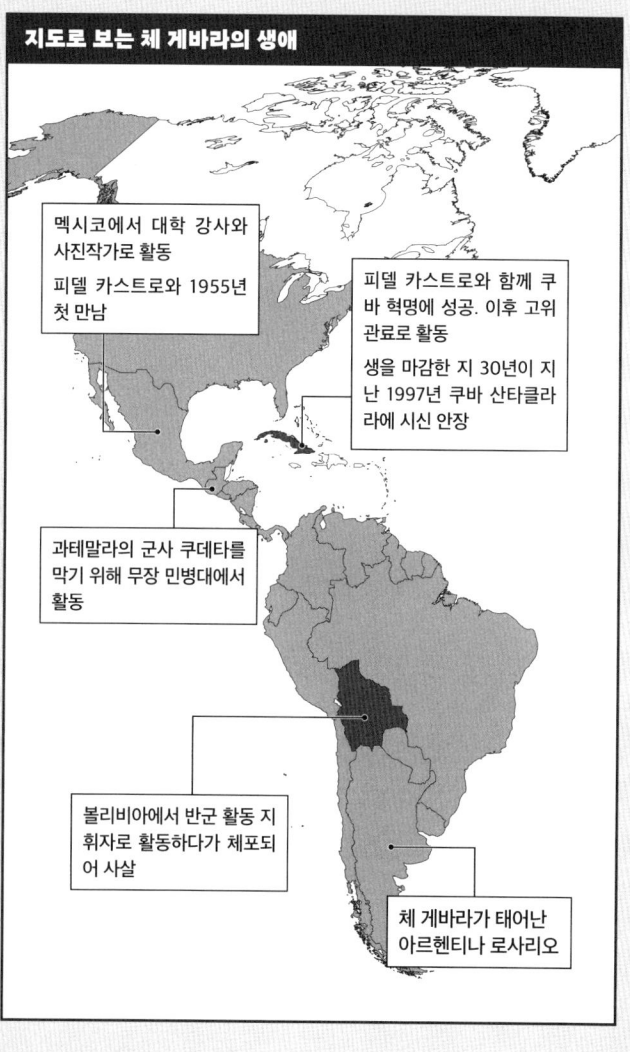

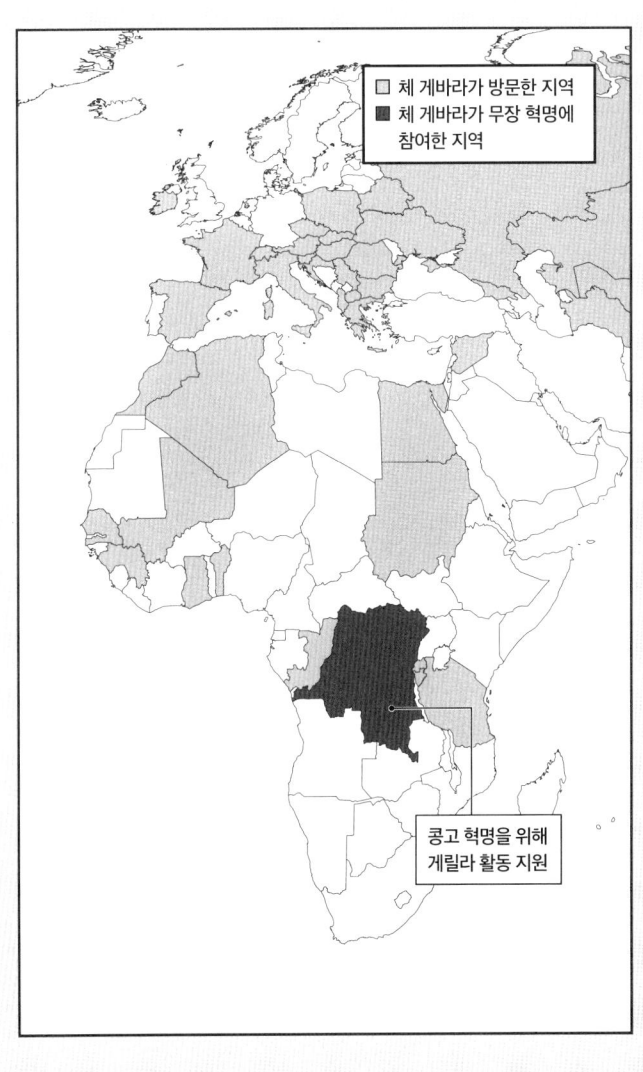

일러두기

- 인·지명, 기관·단체명, 간행물 제목, 주요 개념 등은 국립국어원 외래어 표기법을 따랐으며, 몇몇 경우에는 원어 발음에 가깝게 표기했다. 인명의 경우 생몰년을, 기관·단체명의 경우 원어를 병기했으며, 몇 가지 용어와 개념 옆에도 필요시 원어를 병기했다.
- 본명인 '에르네스토 게바라'와 혁명가로 활동하면서 굳어진 명칭 '체 게바라' 중 후자로 인명 표기를 통일했다.
- 단행본은 『 』, 법령·기고문·개별 장은 「 」, 신문과 정기간행물은 《 》, 영화·다큐멘터리·노래·그림·사진·희곡·단편시는 〈 〉로 구분했다.
- 본문의 이해를 돕기 위해 저자가 추가한 내용은 본문 속 괄호로 표기했다.
- 본문에서 소개하는 문헌 중 국내에 번역되어 출간된 것은 국역본의 제목만 제시했고, 국역본이 없는 경우 원서 제목을 번역하고 원어를 병기하거나 원서명을 그대로 적었다.
- 본문에 실린 도판은 모두 퍼블릭 도메인이다.

000

총류

CHE GUEVARA

030 백과사전
체 게바라의 프로필

출생 1928년 6월 14일

사망 1967년 10월 9일 (39세)

본명 에르네스토 게바라 데 라 세르나
(Ernesto Guevara de la serna)

출신 아르헨티나 로사리오에서 출생

국적 아르헨티나

직업 혁명가, 의사, 저술가, 쿠바 게릴라 지도자, 군사 이론가, 쿠바 고위 관료, 외교관

활동 시기 1954년부터 1967년까지

활동 지역　라틴아메리카 일대(과테말라, 멕시코, 쿠바, 볼리비아 등)와 아프리카 콩고

저서　『모터사이클 다이어리』, 『게릴라전』, 『체 게바라 자서전』, 『체 게바라 시집』, 『공부하는 혁명가』, 『볼리비아 일기』 등

상훈　백사자 훈장 기사 대 십자 훈장, 남십자성 기사 대십자 훈장

별명　'쿠바의 두뇌', '남미의 예수', '혁명의 아이콘', '우리 시대의 가장 완전한 인간'

주요 활동
· 의사이면서 마르크스주의자가 되어 과테말라 군사 쿠데타를 저지하는 무장 민병대에서 활동
· 과테말라에서의 활동이 실패한 후 멕시코로 망명해 멕시코 국립자치대학 의학부에서 강의를 하며 라티나 통신의 사진작가로 활동
· 피델 카스트로와 함께 쿠바 정부를 전복시키는 쿠바 혁명에 성공
· 쿠바의 외교관으로 인도네시아, 일본, 동독, 헝가

리 등 동구권 국가들과 소련, 북한을 방문해 우호를 증진하고 관계 개선
- 쿠바의 재무부 장관, 국립은행 총재, 산업부 장관 역임, 토지 개혁과 쿠바 문해 캠페인에 성공
- 쿠바 미사일 위기를 촉발시킨 소련의 핵무장 탄도 미사일의 쿠바 배치에 주요 역할 수행
- 쿠바 대표단의 수장으로 유엔 총회에서 연설
- 피델 카스트로에게 남기는 편지와 함께 쿠바 정부와 공산당의 모든 직위 사임, 쿠바 명예 시민권도 포기
- 아프리카 콩고로 활동 지역을 옮겨 게릴라 활동을 지원했으나 실패
- 볼리비아에서 반군 활동 지휘자로 활동하다가 체포되어 다음 날 재판 없이 사살됨

100

철학

180 심리학
체 게바라의 심리 분석

새로운 것을 추구하는 호기심과 인내심
꺾이지 않는 불굴의 자아 정체성 소유

체 게바라는 어떤 어려움에도 결코 굴복하지 않는 불굴의 신념과 강한 자아 정체성을 소유한 인물이다. 새로운 것에 대한 호기심이 강했던 그는 상류 가정에 속한 22세의 젊은 의과대학 학생으로 안락한 삶을 보장받을 수 있었지만, 그것에 만족하지 않고 낡은 모터사이클을 타며 라틴아메리카 곳곳을 누비는 결코 쉽지 않은 무전여행을 감행했다. 고질병인 천식이 재발하고, 낡은 오토바이에서 굴러떨어지고, 마지막에는 도보와 히치하이크, 밀항 여행을 하면서도 결코 발길을 멈추지 않았다. 그리고 귀를 열고 부를 소유한 자들에 의해 착취당하며 가난과 무지의 질곡에서 신음하고 있는 민중의 목소리를 들었다. 자신이 하고 싶은 일이 무엇인가를 확고하게 깨달은 그는, 의사의 길을 놓고 혁명가로서의 길을 걸어갔다.

이후 과테말라를 쿠데타로 점유한 집단에 의해 암살 위협을 받으면서도 꺾이지 않는 의지로 노선을 바꾸지 않고 멕시코로 망명을 갔다. 멕시코에서 게릴라 전사로 거듭나기 위한 혹독한 게릴라 훈련을 받았는데, 인내심과 불굴의 자아 정체성이 있었기에 훈련생 중 가장 탁월한 전사로 거듭날 수 있었다.

쿠바 혁명이 성공한 후 그는 자신이 진정 원하는 것이 쿠바 정부의 부와 권력을 소유한 집권자가 아니라 혁명 전사로 활동하는 것임을 깨달았다. 그런 그였기에 국제적으로 쏟아지는 명성과 쿠바가 그에게 부여한 기득권과 고위급 관료 자리를 아무 미련 없이 훌훌 털고 나올 수 있었고, 이후 혁명 전야의 거친 들판으로 거리낌 없이 내달릴 수 있었다.

프롤레타리아가 주인이 되는 평등한 사회
무장 투쟁의 방법으로 꿈을 실현하려 했던
이상주의자

이상주의란 어떤 이상을 세우고 그것을 실현하려고 하는 생활 태도를 말한다. 체 게바라는 쿠바에서 성공한 게릴라 전투 방법을 널리 전파해 국제사회를 프롤레타리아 계급이 주인이 되는 평등한 세계로 만들려고 했다. 그는 스스로 자신을 '돈키호테'로 지칭할 정도로 이상주의자였다. 그래서 쿠바의 모든 공직에서 물러난 후 쿠바 명예 시민권까지 반납하고 대서양을 건너 멀리 아프리카 콩고까지 갔다. 콩고에서 게릴라 전법이 실패한 다음에도 이상이 있었기 때문에 실의에 빠지지 않고 활동 지역을 볼리비아로 옮겼다. 그의 또 하나의 꿈은 볼리비아를 시작으로 라틴 아메리카 전역에서 공산주의 혁명을 완성하는 것이었기 때문이다.

그와 만난 적이 있는 전 아르헨티나의 대통령인 후안 페론(1895~1974)은 그를 가리켜 '미숙한 유토피아주의자'라고 했다. 그는 볼리비아 반군 지도자로 활약

하면서 볼리비아 뒤에 있는 거대 독점자본주의 세력인 미국과 맞서 싸웠다. 메스티소(에스파냐계 백인과 인디오의 혼혈 인종으로, 라틴아메리카 인구의 약 70%를 차지한다)와 유대감을 공유하며 국경 없는, 연합된 프롤레타리아 계급 중심의 라틴아메리카를 구축하기 위해서였다. 체 게바라의 이런 심리는 그의 저서 『모터사이클 다이어리』의 마지막 부분인 「여백의 노트」에 잘 나타나 있다.

> "나는 알아차렸다. 만약 위대한 정신이 인류를 두 개의 적대적인 진영으로 나눈다면, 나는 **민중과 함께할 것임을.** … 벌써부터 진동하는 화약 냄새, 피 냄새, 적들의 시체 냄새로 나의 코는 팽창한다. 전투 준비가 되어 있는 것처럼 벌써 온몸이 긴장된다. 이제 **나는 승리한 프롤레타리아 계급의 야수와 같은 울부짖음이 새로운 힘과 희망으로 울려 퍼지는 신성한 공간**이 되어 버린 것이다."

그가 체포되어 사살되기 직전, 볼리비아 군인이 그의 머리에 총구를 대며 '불멸'을 생각하느냐고 물었다. 체 게바라의 대답은 "혁명의 불멸성에 대해 생각하고 있소"였다. 삶의 끈을 놓아야 하는 그 절체절명의 순간에서조차 그는 자신의 이상을 우선시했던 이상주의자였음을 이 대답을 통해 잘 알 수 있다.

자기희생 정신으로 온몸을 바치는 열정주의자

체 게바라가 23세 때 친구이자 선배인 알베르토 그라나도(1922~2011)와 함께 떠났던 모터사이클 여행에서, 그는 두 달 동안 산파블로 나환자촌에 머물면서 전염도 두려워하지 않고 열과 성을 다해 환자들을 치료해 준다. 큰 용기와 자기희생 정신 없이는 불가능한 일이다.

또 이런 일도 있었다. 피델 카스트로(1926~2016)와 함께 쿠바에 상륙한 후 함께 건너온 동지들이 지친 몸으로 추적을 피해 달아나야 하는 위급 상황에서 동료 한 명이 그의 눈앞에서 탄약 상자를 놓고 달아나 버렸다. 또 한쪽에는 의약품이 가득 든 의약품 배낭도 있었다. 그는 의사였지만 의약품 배낭보다는 탄약 상자를 잡고 뛰었다. 의약품보다 게릴라 활동에 절대적으로 필요한 탄약 상자를 먼저 챙긴 것이다. 그것이 그에게 주어진 최선의 역할이라고 믿었기 때문이다.

그의 민중에 대한 지극한 사랑은 무엇보다도 처형이 이뤄진 당일 아침, 마을의 학교 교사인 줄리아 코르테스(22세)를 만나게 해달라고 그가 요청한 데서 잘 드러난다. 체 게바라는 그녀에게 학교 건물의 열악한 상태를 언급하며, 정부 관리들이 메르세데스 고급 승용차를 타고 다닐 동안 농민 학생들은 제대로 된 교육을 받지도 못하고 있다고 지적한다. 그러면서 그는 이런 모순적이고 불평등한 구조를 바로잡기 위해 싸우는 것이라고 그녀에게 말했다. 죽음을 앞둔 순간에서조차 민중의 교육을 걱정한 자기희생적인 열정주의자가 바로 체 게바라였다.

목표를 향해 전진하는
위험 감수 정신과 모험심 소유자

체 게바라의 모험심은 1950년 세상 탐험에 대한 갈증을 해소하기 위해 라틴아메리카 여행을 떠난 것에서 잘 드러난다. 그는 자전거에 작은 엔진만을 장착해 4,500킬로미터를 여행했다. 두 번째 여행을 준비하면서 부모의 도움을 전혀 받지 않고 아르헨티나 상선 화물선과 유조선에서 6개월간 간호사로 근무하며 여행 경비를 마련했다. 1951년 두 번째 여행을 할 때는 다 낡아 빠진, 500시시(cc)에 불과한 싱글 실린더가 달린 1939년형 오토바이를 타고 안데스산맥과 아타카마 사막을 거쳤고, 망가진 오토바이를 포기한 이후에는 도보와 말, 뗏목, 히치하이크의 방법으로 안데스산맥의 잉카 문명지인 마추픽추 등 8,000여 킬로미터를 여행했는데, 뗏목은 나병 환자들이 준 우정의 선물이었다.

8인용 요트를 타고 멕시코에서 쿠바까지 풍랑이 몰아칠 수 있는 바다를 횡단해 쿠바 정부를 전복시키는 게릴라 작전에 참여한 것과 안락한 고위 공직자 자리를 박차고 모든 것이 열악한 아프리카 콩고의 밀림이나 볼리비아의 울창한 삼림에 들어가 반군 활동에 앞장선 것도 그의 높은 수준의 위험 감수 정신을 보여준다. 심지어 피델 카스트로조차 체 게바라를 보고 너무 많은 위험을 감수하는 무모한 경향이 있다고 했다.

또 체 게바라가 자신의 부관을 구해낸 이야기를 통해서도 그의 모험심을 엿볼 수 있다. 그의 어린 10대 부관이 전투에서 부상을 입자, 그는 총알이 빗발치는데도 사선을 넘고 달려와 부관을 구해내어 전투 현장의 적군들마저 놀라움을 금치 못했다고 전해진다.

그가 얼마나 위험 부담을 안고 모험심 가득한 게릴라 작전을 펼쳤는지는 체 게바라가 이끄는 반군들의 상태를 목격한 증언을 통해서도 알 수 있다. 단 55명을 이끌고 길도 식량도 물도 거의 없는 절박한 환경의 고산지대에서 칼로 나무를 쳐서 길을 내고 다녔던 그는, 길 안내와 외부 연락을 맡았던 사람들이 체포되어 고립무원이 되었을 때도 동지들에게 인간의 한계를 뛰어넘어 보자고, 뛰어넘을 수 있다고 격려했다. 55명 중 22명이 살아남았지만, 그들에게 남아 있던 보급품은 6장의 모포뿐이었다고 한다. 그의 천식약은 일찌감치 떨어진 상태였고, 신발은 없었으며, 손은 부풀어 올라 그야말로 인간의 한계를 뛰어넘어야 전투를 치를 수 있는 상황이었다.

친화력과 리더십을 지닌 혁명가
동지들과 끈끈한 연대감 공유

체 게바라의 친화력은 모터사이클을 타고 라틴아메리카를 여행할 때부터 드러난다. 출발도 선배와의 끈끈한 우정으로 시작되었으며, 가는 곳마다 메스티소와 인디오라는 공통분모 속에서, 특히 체 게바라가 가장 인상 깊게 보았던 마추픽추의 찬란한 잉카 문명의 후예라는 긍지로 사람들과의 대화를 끌어내고, 착취와 수탈 속에 무감각해진 사람들의 저항 정신을 일깨웠다. 과테말라에서의 활동이 실패한 후 멕시코로 망명한 그는 의기소침하게 지내지 않고 의학부에서 강의를 하고, 라티나 통신의 사진작가로 활동하면서 피델 카스트로를 비롯한 저명한 마르크스 이론가, 활동가, 혁명가들과 교류했다.

한편 그는 냉철한 카리스마와 엄격하게 규율을 적용하는 리더십을 갖고 있었다. 정보원, 탈주자, 배신자에 대해서는 철저하게 응징하고 직접 즉결 처형을 했다. 부하들은 그를 두려워했지만, 그의 리더십에는 그런 가혹함만 있었던 것은 아니었다. 적군과 치열한 공방전을 치른 후 잠시 휴식 시간을 갖게 되면, 다독가였던 그는 부하들을 위해 그가 즐겨 읽었던 흥미로운 문학작품을 소개해 주면서 부하들을 위로하고 즐겁게 했다.

또 게릴라 활동을 할 때도 희망의 끈을 놓지 않으면서 실의에 빠진 동료들을 격려했고, 죽음을 두려워하지 않고 삶을 초월해 투쟁에 전심전력하는 전사로 거듭나도록 이끌었다. 전사들은 체 게바라의 명석한 두뇌와 용기, 리더십에 무한한 신뢰와 존경을 보냈다.

그림 1. 1960년 3월 5일 쿠브레호 폭발 사고 희생자를 추모하는 행진에 참여한 체 게바라와 그의 동지들

심리적 갈등과 고뇌 속에서도 임무를 책임감 있게 수행

체 게바라는 39세에 생을 마쳤지만, 결혼은 2번 했고 그에게는 사랑하는 아내와 5명의 어린 자녀가 있었다. 그는 자기희생 정신이 매우 강했기 때문에 가족과의 단란한 행복에 안주하지 않고 자신의 삶을 송두리째 바쳐 혁명 전선에 나섰지만, 사랑하는 아내와

어린 자녀들을 만나고 싶은 충동으로 인해 내적 갈등을 겪었을 것으로 추정된다.

아프리카 콩고 전선에서는 아내가 떠나기 전 부상을 당하면 사용하라고 주었던 스카프와 어머니가 준 작은 열쇠고리를 늘 부적처럼 갖고 다녔다. 또 반군을 이끌고 전진할 때는 자녀들에게 즐겨 낭독해 주던 시를 읊으며 기운을 내서 행군을 했는데, 그런 모습을 통해 그의 가족에 대한 지극한 사랑과 그리워하는 마음을 느낄 수 있다.

생사를 넘나드는 볼리비아 산악지대로 떠나기 전 체 게바라는 엘 프라도의 코파카바나 호텔 304호실에서 머리와 수염을 제거하고 검은 테 안경을 쓴 대머리 노인의 모습으로 변장한다. 마지막이 될지도 모르기에 체포의 위험을 무릅쓰고 아내와 자녀들을 보기 위해 집을 찾아가기 위해서였다. 그가 오는 것도 모르고 놀고 있던 딸아이가 넘어지자, 체 게바라는 딸아이에게 다가가 딸아이를 일으켜 세우고 품에 꼭 껴안는다. 이를 지켜보던 아내와 마음을 주고받은 후 그는 다시 집을 떠났다. 그에게는 반군 지휘자로서 혁명을 완수해야 할 책무가 있었기에 가족에 대한 애틋한 사랑을 초인적인 의지로 이겨내야 했던 것이다.

그러나 마음속에서 일렁이는 가족에 대한 그리움은 결코 떨쳐내기 어려운 것이었다. 아내와 아이들에게 보내는 엽서의 끝에는 늘 너희들을 영원히 사랑하며 다시 보기를 희망한다는 말, 그리고 그가 줄 수 있는 최고의 포옹과 키스를 보낸다는 말을 남겼다.

> "영원히 너희들을 사랑하고, 늘 너희들을 볼 수 있기를 바란다. 아빠의 큰 입맞춤과 뜨거운 포옹을 보내며."

가족이 보고 싶다는 그의 심각한 심리적 고뇌의 파편은 그가 마지막으로 남긴 일기에도 남아 있다. 그가 사살을 당하는 1967년 그해 6월 14일에 쓴 볼리비아 일기에서 그는, 이날이 어린 딸 셀리타의 생일이라 쓴 후 '네 살이 되었나…?'라고 스스로에게 묻는다. 그리고 다음 줄에는 이제 39세가 되어 게릴라 전사로서 미래를 깊이 생각해 봐야 할 때라고 썼다. 그의 머릿속에는 늘 가족에 대한 사랑과 혁명 전사로서의 역할 수행이 갈등하고 있었음을 짐작할 수 있는 대목이다.

끊임없는 자기반성과
혁명적 삶을 반추해 보는 심리

그는 평생 하루를 돌아보는 일기를 썼다. 20대에는 모터사이클을 타고 다닌 라틴아메리카의 지역명과 특징, 만난 사람들, 그들과의 대화, 그때 느낀 감상 등을 빠뜨리지 않고 세세하게 기록했다. 이와 같은 습관은 게릴라 활동을 하거나 반군 지휘자로 산속을 헤매며 정부군과 치열한 공방전을 벌인 때에도 계속되었다. 일기를 쓰며 그날그날 하루를 반추하고, 그를 통해 다음 날의 실패 없는 일정을 계획하는 것이 체 게바라의 일상이었다.

그가 남긴 글에도 자신에게는 글쓰기가 구체적인 문제에 접근하는 방식이라 했고, 자신의 감수성으로 삶을 대하는 태도를 취해야 한다고 썼다. 그는 일기뿐 아니라 피델 카스트로나 사랑하는 아내와 아이들에게 편지나 시, 엽서를 남기면서 자신의 행동에 대해 미안함을 전하거나 혁명가로서 걸어가야 할 투쟁적 삶에 대해 이해를 구했다.

    그가 생을 마치는 날짜는 1967년 10월 9일인데, 볼리비아에서의 마지막 게릴라 활동을 기록한 일기는 바로 그 이틀 전인 10월 7일에 쓴 것이다. 죽음을 맞기 전까지 일기를 썼다는 이와 같은 사실 역시 기록을 통해 자신의 활동을 반추해 보는 그의 심리를 잘 보여준다.

200

종교

200 종교 일반
무신론자 체 게바라

체 게바라가
무신론자가 될 수 있었던 가정환경

체 게바라가 태어난 아르헨티나의 국교는 로마가톨릭교다. 아르헨티나 국민의 62.9퍼센트가 로마가톨릭교를 믿고 있다. 개신교 신자도 15.3퍼센트에 달한다. 1.3퍼센트는 기타 여러 종교를 믿고, 나머지 20.5퍼센트는 종교가 없는 무교다.

아르헨티나의 국교가 로마가톨릭교가 된 것은 16세기에 로마가톨릭교 국가인 에스파냐(스페인은 영어식 국가명으로, 공식 국가명은 에스파냐다)가 아르헨티나를 식민지로 통치한 영향이 크다. 에스파냐는 정복한 라틴아메리카 지역에 식민 통치 기관인 페루 부왕령을 설치했는데, 이 페루 부왕령에서 부에노스아이레스를 수도로 하는 리오 데 라 플라타 부왕령이 설치되었고, 국교는 본국인 에스파냐가 믿고 있는 가톨릭교가 되었다. 그 후 부모 모두 에스파냐인이면서 라틴아메리카에서 태어난 토박이인 크리오요가 본국의 차별적 대우와 계몽주의 사상, 나폴레옹이 가져온 자유와 평등 정신에 힘입어 크리오요인 '산마르틴'(1778~1850)을 중심으로 독립 투쟁을 전개해 아르헨티나로 독립했고, 국교는 그대로 가톨릭교가 되었다. 이후 아르헨티나 국민의 대다수는 가톨릭교를 믿었다. 특히 에스파냐 귀족의 자손인 중상류층 대부분이 가톨릭교도였다.

문제는 이들을 이끄는 가톨릭교회가 매우 보수적이고 에스파냐의 전통과 가치를 대변했다는 점이다. 유럽만큼이나 웅장한 건축과 각종 값비싼 재료로 구성된 화려한 제단을 갖춘 가톨릭교회는 중상류층에게 학대받는 빈민층과 노예들의 인권이나 빈곤한 삶을 개선하기 위한 노력에는 소극적이었다. 이러한 가톨릭교회의 모순적인 모습을 직시한, 사회의 변화를 원하는 진보적인 세력들은 자연스럽게 교회에 등을 돌리고 무신론자의 길을 택했다.

체 게바라의 아버지인 에르네스토 라파엘 게바라 린치(1900~1987)는 사업가이자 전기 작가로, 진보주의자였던 그는 가톨릭교를 믿었다. 반면 체 게바라의 어머니인 셀리아 데 라 세르나(1906~1965)는 무신론자이자 정치 운동가였다. 그녀는 아르헨티나의 수도인 부에노스아이레스에 있는 프랑스 성심학교를 졸업한 후 한때 수녀가 되고 싶은 소망을 갖기도 했지만, 점차 가톨릭교의 규범과 계율에 반발하게 되면서 무신론자가 되었다. 셀리아는 사업가인 에르네스토와 서로 사랑하여 결혼할 때 종교에 대해 다음과 같이 합의했다. 아이들이 태어나면 종교를 강권하지 않고, 어느 종교에도 몸담지 않는 자유로운 무신론자의 삶을 지향할 수 있도록 한다고 말이다. 에르네스토는 아내의 생각을 존중해 장남으로 태어난 에르네스토 게바라(체 게바라)를 비롯한 5남매에게 자신의 종교를 스스로 선택할 수 있는 종교적 자유를 주었다.

그림 2. 체 게바라의 부모와 그의 형제들
(장남 체 게바라는 오른쪽에서 세 번째)

체 게바라는 이러한 부모, 특히 어머니의 영향으로 무신론자가 되었다. 그는 모터사이클을 타고 라틴아메리카를 여행하면서 너무나 비참한 민중들의 삶을 목격했고, 교회가 가난한 자들을 위해 적극적으로 구원의 손길을 제대로 펼치지 않는다는 사실에 안타까

위했다. 그가 방문하는 지역의 가톨릭교회는 국가의 지원을 받아 건축은 웅대했고, 풍부한 예산 속에서 제대는 풍요로웠다. 하지만 그곳에서 미사 드리는 민중들은 굶주린 배를 움켜쥐고 하루하루를 겨우 연명하는 것과 같은 가난한 삶을 살았다. 그 민중들의 손을 잡아주기 위해 그들의 삶 속으로 걸어 들어가면서 무신론자 체 게바라는 교회가 더 적극적으로 가난한 자들을 위해 도움을 주기를 바랐다.

혁명기의 종교적 배경

체 게바라는 혁명 전선에 뛰어들면서 초기에는 과테말라와 멕시코에서 활동했는데, 이들 지역 주민 대다수가 가톨릭교를 믿고 있었다. 두 나라 모두 에스파냐의 식민 지배를 받았던 지역이기 때문이다. 과테말라는 가톨릭교도가 70퍼센트에 달했다. 멕시코는 이달고 코스틸라 신부(1753~1811)가 혁명을 성공적으로 이끈 독립의 중심인물로 가톨릭교에 대한 신뢰가 깊었다. 멕시코에서 가톨릭교를 믿는 국민은 89퍼센트에 달했다.

  한편 1959년 체 게바라가 피델 카스트로와 손을 잡고 쿠바 혁명을 성공시킬 당시 부패해 썩을 대로 썩은 쿠바 통치자 풀헨시오 바티스타(1901~1973)에 대해 가톨릭교 내부에서도 독재를 끝내야 쿠바가 살아날 수 있다는 반발의 움직임이 나타났다. 쿠바도 에스파냐의 식민지에서 독립했기 때문에 국민의 대다수가 가톨릭교를 믿었고, 교회의 목소리는 여론을 대변했다. 체 게바라와 피델 카스트로 등이 멕시코에서 작은 요트를 타고 쿠바 해변에 상륙한 이후 정부군과 게릴라전을 펼치면서 산악지대로 들어가 투쟁할 때, 기예르모 사르디냐스(1917~1964) 신부는 주교의 허락을 받고 산속의 게릴라 부대를 찾아가 혁명군을 위해 기도하고 격려하는 군종 사제의 역할을 수행했다. 그는 틈틈이 거의 문맹에 가까운 농민들에게 글을 가르쳐 주기도 하고, 산속 마을에서 사제를 거의 만날 수 없었던 아이들을 위해 세례를 베풀기도 했다. 사르디냐스 신부는 혁명이 성공한 후 존경을 한 몸에 받으며 사령관의 호칭까지 받았다.

체 게바라의 혁명 동지인 피델 카스트로는 8세 때 가톨릭교회에서 세례를 받았고, 정통적인 가톨릭 학교에서 수학했으며, 교회에서 결혼식을 올릴 정도로 가톨릭교회와 친화적이었다. 쿠바의 가톨릭교회는 쿠바 국민을 착취하고 핍박했던 바스티야 정권을 무너뜨린 혁명 지도자가 가톨릭 신자임에 안도하며 혁명을 더욱 환영했다. 쿠바 혁명 성공 직전인 1958년 12월, 바스티야가 해외로 탈출하자 쿠바 가톨릭 신자들의 구심점인 마누엘 아르테아가 베탕쿠르(1879~1963) 추기경은 쿠바 내 모든 가톨릭교회에서 경축을 알리는 타종을 치도록 해 혁명군을 환영했다. 또 피델 카스트로도 혁명 정부가 수립된 후 연설을 통해 "쿠바의 가톨릭교도들은 자유라는 대의를 위해 전적으로 협력했다"라고 선언해 가톨릭교의 공로를 높이 평가했다. 무신론자인 체 게바라도 그의 발표에 대해 별다른 의견을 내지 않았다.

　그러나 이것은 표면적인 평화일 뿐이었다. 쿠바 혁명 정부가 농지 개혁법 등 급진적인 개혁을 시작하자, 대농장 소유주인 보수적인 교회는 동요하기 시작했다. 당시 체 게바라의 직함은 이 모든 급진 개혁을 추진하는 최고 책임자인 국립농업개혁연구소(Instituto Nacional de Reforma Agraria, INRA) 산업화부 국장, 산업부 장관, 국립은행 총재 자리에 있었다. 쿠바 정부가 미국 기업이 소유하고 있던 대농장을 해체하자, 미국은 농지 개혁에 대한 반발로 쿠바산 설탕 수입을 중단했다. 당시 미국 시장에서 쿠바산 설탕은 300만 톤에 달했기 때문에 국가 경제가 휘청거릴 수 있는 조치였다. 그러나 쿠바의 두뇌로 불렸던 체 게바라는 개혁의 고삐를 늦추는 대신 새로운 쿠바의 파트너를 구했다. 가톨릭교회와 대척점에 있는 공산주의 수장 국가인 소련과의 국교를 성사시킨 것이다. 그렇지 않아도 체 게바라가 쿠바 혁명 이후 부활시킨 사형제도에 의해 친미 성향의 반동적이고 반혁명적인 인사 1만 4,000명을 처형한 것에 대한 교회의 충격이 가시지 않은 상태에서 쿠바 혁명 정부가 소련과 수교를 맺게 되자, 가톨릭교회는 혁명 정부를 극히 우려하기 시작했다.

이러한 배경하에서 결정적으로 쿠바 혁명 정부와

가톨릭교회가 서로 등을 돌리게 되는 사건이 일어났다. 미국 중앙정보국(Central Intelligence Agency, 이하 CIA)의 기획과 선동으로 일어난 '피그스만 침공'이 그것이다. 1961년에 일어난 이 사건은 쿠바 혁명에 반대하는 망명자를 중심으로 구성된 1,500여 명 인원의 쿠바 민주혁명전선(Democratic Revolutionary Front, DRF)이 비밀리에 미국의 지원을 받아 쿠바의 피그스만 상륙 작전을 펼치다가 혁명 정부에 의해 격퇴된 사건이다. 문제는 3명의 사제가 반혁명군을 적극 도왔다는 것이었다. 피델 카스트로는 혁명 정부와 가톨릭교회와의 정면충돌은 피하고 싶어 이 3명의 신부를 처형하는 대신 본국인 에스파냐로 추방했다. 신부들이 에스파냐에서 쿠바로 파견되어 온 것이었기 때문이다. 그런데도 가톨릭교회에서 계속 혁명 정부가 펼치는 개혁과 정책에 대해 반발하고 비판하며 반혁명적인 여론을 조성하자, 1961년 9월 쿠바 혁명 정부는 142명의 사제와 많은 수의 수녀들을 추방했다. 또 평신도 중에서 반혁명적인 행위를 하는 사람들에 대한 체포와 구금을 통해 교회의 종교 활동을 크게 압박하고

위축시켰다.

    체 게바라를 비롯한 혁명 정부의 최고 지도층은 가톨릭교회를 미국 제국주의와 손을 잡은 보수 반동 집단으로 생각했다. 부를 소유하고 있는 중상류층이면서 가톨릭교도인 사람들이 혁명 정부에 반발하는 발언과 행위를 할수록 혁명 정부는 교회에 대한 탄압의 강도를 높였다. 국가가 나서서 정면으로 가톨릭교회를 비판하고 주교와 사제에 대한 구금과 가택 연금, 노골적인 모욕도 서슴지 않았다. 새로운 교육법을 만들어 교회와 수도회에서 설치한 교육기관을 폐쇄했고, 학교에서 종교 교육을 금지했다. 교회 재산이 몰수되고, 교회 건물은 정부가 접수해 병영이나 국가 소유의 창고로 활용했다. 심지어 가톨릭 신앙을 가진 사람들은 공산당 가입이 거부되었다. 직장과 사회에서 불이익을 당하지 않기 위해 가톨릭교도들이 자신의 신앙을 숨기는 일도 비일비재하게 일어났다. 체 게바라가 또 다른 사회주의 혁명을 위해 쿠바의 모든 공식 직함을 내놓고 쿠바를 떠난 이후에도, 쿠바에서는 교회가 겨우 숨만 쉬는 침묵 기간을 오래도록 갖게 되었다.

　이러한 쿠바의 가톨릭교회에 대한 탄압은 다른 라틴아메리카 국가에서는 찾아보기 힘든 것이었다. 쿠바 정부의 꽁꽁 얼어붙었던 종교 탄압의 사슬이 녹은 것은 1990년대에 이르러서다. 1996년 쿠바의 수반인 피델 카스트로가 공식적으로 로마 교황청을 방문해 요한 바오로 2세를 알현한 것이 그 계기가 되었다.

300

사회
과학

CHE GUEVARA

300 사회과학 일반
체 게바라를 혁명가로 만든 사회

    체 게바라가 의학도이면서 혁명의 최전선에 뛰어든 혁명 전사가 된 것은 모터사이클을 타고 여행할 때 목격했던 충격적인 라틴아메리카 사람들의 빈곤한 삶 때문이었다. 그가 고백했듯이 여행에서 돌아온 그는 더 이상 이전의 그가 아니었다.

    라틴아메리카는 1804년 해방된 흑인 노예들이 최초로 독립을 쟁취한 아이티 공화국 이래 계몽주의 사상과 나폴레옹이 뿌린 자유 및 평등사상의 영향으로 독립 투쟁을 전개해 1816년에는 아르헨티나, 1821년에는 멕시코와 과테말라, 1825년에는 볼리비아, 1898년에는 쿠바가 독립했다. 볼리비아의 국명은 크리오요인 시몬 볼리바르(1783~1830)의 이름에서 가져온 것이다. 그는 볼리비아뿐 아니라 베네수엘라, 콜롬비아, 에콰도르 등 라틴아메리카의 여러 나라를 독립시켜 '해방자'로 불린다. 시몬 볼리바르 역시 크리오요이며, 아르헨티나를 독립시킨 산마르틴과 손을 잡고 칠레와 페루도 독립시켰다. 오늘날 산마르틴은 아르헨티나 독립의 아버지로서 1000페소 화폐에 도안되었고, 아르헨티나인들의 정신적 지주로 여겨지고 있다.

에스파냐 등의 식민지에서 독립한 이후 정치가 안정적이었다면, 라틴아메리카는 풍요한 자원을 바탕으로 세계에서 가장 잘사는 나라가 될 수도 있었다. 라틴아메리카 국가들은 천혜의 자연환경 아래서 곳곳에 매장되어 있는 풍부한 광물과 플랜테이션 농업을 통해 다섯 손가락 안에 드는 풍부한 농산물 생산 국가가 되었다.

체 게바라와 관련된 국가들을 살펴보자. 아르헨티나는 세계 최대의 마테차 생산국이면서 세계 5대 콩,

옥수수, 해바라기씨, 레몬, 배 생산국 중 하나이며, 면화와 담배, 보리도 세계 10대 생산국 안에 든다. 목축업이 발달해 쇠고기 수출은 세계 4위 국가다. 한국에서 포도주 생산국으로 잘 알려져 있는 칠레는 체리가 세계 5대 생산국에 들어가며, 포도, 사과, 키위, 복숭아, 자두 등이 세계 10대 생산국에 들어간다. 콜롬비아는 세계 5대 커피, 아보카도, 팜유 생산국 중 하나이며, 사탕수수, 바나나, 파인애플, 코코아도 세계 10대 생산국에 들어간다. 과테말라는 세계 10대 커피, 사탕수수, 멜론, 천연고무 생산국이며, 세계 15대 바나나 및 팜유 생산국에 들어간다. 멕시코는 세계 최대의 아보카도 생산국이며, 칠레, 레몬, 오렌지, 망고, 파파야, 딸기, 자몽, 호박, 아스파라거스는 세계 5대 생산국 중 하나다.

    이번에는 광물 생산에 대해 알아보자. 칠레에서 생산되는 구리는 전 세계 생산량의 3분의 1을 차지한다. 은은 세계 2위이며, 주석은 세계 4위 생산국이다. 멕시코와 베네수엘라는 산유국이기도 하다. 멕시코는 세계 최대 은 생산 국가이면서 세계 12위 산유국이고, 베네수엘라는 세계 21위 산유국이다. 또 콜롬비아는 세계 최대 에메랄드 생산국이다.

라틴아메리카는 이런 귀하고 값비싼 광물 생산과 원자재 및 농산물 수출 등으로 세계에서 손꼽히는 부유한 나라가 될 수 있었다. 그런데 현실은 독립한 이후에도 세계에서 손꼽히는 빈곤 국가가 되었다. 라틴아메리카의 2억 명에 달하는 대부분의 민중은 헐벗고 굶주리고 있었던 반면, 소수의 지배층은 국가의 부를 독차지하고 있었다. 쿠바의 경우 문맹률이 37퍼센트에 달하고, 국민의 50퍼센트가 전기도 들어오지 않는 곧 무너질 것 같은 가옥에 살고 있었다.

그렇다면 그 원인은 무엇일까? 부패한 독재 정권이 빈번한 쿠데타를 일으켜 정권을 차지하고, 소수 대지주 계급이 집권 세력과 손을 잡고 부정부패를 저지르면서 국가 경제를 망쳤기 때문이다. 비밀경찰에 의한 고문, 납치, 의문의 죽음, 살상이 계속되었고, 테러와 암살, 반군과의 분쟁이 사람들을 불행으로 몰아넣었다. 가장 결정적인 것은 미국이 라틴아메리카에 대한 경제적 착취를 지속하기 위해 매우 잔혹하고 추악한 방법으로 친미 정권을 창출했다는 사실이다. 이런 계략은 CIA에 의해 기획되고 실행되었다. 라틴아메리카 국민이 국민을 위한 개혁을 힘 있게 이끌어 갈 집권자를 선출해도, 미국은 수단과 방법을 가리지 않고 갈등과 분란을 조장했으며, 결국 군부 쿠데타에 대한 미국의 군사적 지원으로 신정부는 무너져 버리고 말았다.

체 게바라는 게릴라 등의 무장 항쟁을 통해 혁명을 달성하는 것이 미국의 간섭을 제거하고, 국가 주도의 경제 개발과 농지 개혁, 교육과 보건의 혁신을 이루는 길이라고 봤다. 다시 말해 사회적 평등을 통한 사회주의 체제 구축이 이러한 모순을 원천적으로 봉쇄하는 길이라고 생각했다. 그는 국가가 경제를 주도하고 자원의 분배와 생산을 통제하며, 국가 주도의 경제 계획을 통해 경제적 자립과 발전을 이뤄야 한다고 믿었다. 그래서 쿠바 혁명 정권 시절에 산업부 장관직에 올라 국가 정책을 강력하게 추진해 나갔고, 미국의 대기업 자산을 국가가 나서서 봉쇄하려고 많은 노력을 기울였다.

340 정치학
체 게바라의 혁명 사상

체 게바라가 혁명가로 성장할 수 있었던 배경은 앞에서 언급한 바와 같이 라틴아메리카의 정치적, 경제적, 사회적 상황과 깊이 연관되어 있다. 그는 불안정한 정치적 상황, 경제적 불균형, 사회적 불평등을 혁명적 변화의 기회로 보고, 자신의 혁명적 사상을 주체적으로 수립해 사회적 정의와 평등을 추구하는 라틴아메리카의 혁명적 운동을 이끌어 나갔다. 그는 라틴아메리카에서 혁명을 파도와 같이 일으켜야 한다는 신념을 갖고 있었는데, 혁명의 시작은 억압받은 민중이며,

혁명의 주체는 정부에 억압당한 라틴아메리카의 민중이어야 한다고 여겼기 때문이다. 그는 '혁명은 강한 사랑에서 출발한다'고 했으며, '혁명은 곧 인간, 정의, 진실에 대한 사랑'이라고 외쳤다. '사랑이 없으면 혁명도 불가능하다'는 것이다. 민중에 대한 한없는 사랑이 체 게바라의 혁명 정신의 큰 바탕을 이루고 있다.

   그는 이러한 자신의 신념에 대한 깊은 헌신으로 죽는 날까지 자유를 쟁취하기 위해 투쟁하고 싸우겠다는 의지를 다졌다. 전 세계에 프롤레타리아 사회를 수립한다는 대의를 실현하기 위해서는 단순히 원하기만 해서는 안 되고, 7월 26일 운동에서 출발해 마침내 혁명을 성공시킨 쿠바 혁명의 예와 같이 게릴라전에 의한 무장 투쟁으로 혁명을 달성해야 한다고 했다. 쿠바는 민중의 눈물로 오늘의 주권을 얻은 당당한 자유의 영토이며, 피 끓는 민중의 울음소리가 드디어 혁명을 이뤄냈다고 당당히 소리쳤다. 숨어서는 혁명을 할 수 없다는 생각이 그의 굳은 믿음이었다. "승리의 그 날까지", "조국이 아니면 죽음을 달라"라고 목소리 높여 외치며 자신의 굳은 정치 혁명 사상에 따라 자유를 쟁취하기 위한 전선으로 달려 나갔다.

　많은 사람들이 쿠바 혁명을 이뤘으니 그만해도 되지 않느냐고 생각할 때, 그는 쿠바 정부의 공식적인 모든 자리에서 자취를 감췄다. 부와 권력을 한 손에 쥘 수 있는 많은 사람들이 부러워하는 자리를 스스로 포기한 것이다. 그가 게릴라군을 이끌고 향한 곳은 아프리카 콩고 전선이었다. 아프리카에서의 반식민주의 투쟁은 당시 냉전 구도에서 중요한 구심점이었다. 하지만 결과는 실패였다. 그럼에도 그는 또 다른 혁명을 위해 잠시 휴식을 한 후 이번에는 라틴아메리카의 볼리비아 전선으로 향했다. 그는 프롤레타리아 체제를 구현하기 위해 국제적인 혁명적 연대가 매우 중요하다고 생각했다. 혁명적 투쟁은 단지 한 국가에 국한되지 않고, 그 전술과 전략이 국제적으로 공유되고 확산되어야 한다는 것이 그의 확고한 생각이었다. 그가 성공시킨 게릴라전의 전략을 혁명을 하고자 하는 전 세계 동지들에게 알려주고 싶었다.

　한 가지 예를 들어보자. 1958년 쿠바 혁명을 위해 정부군과의 투쟁을 이어갈 때 체 게바라는 기발한 전술을 개발했다. 비밀 라디오 방송국인 반군 라디오(Radio Rebelde)를 만든 것이다. 이것은 미국 CIA가 라디오 방송을 이용해 과테말라의 군사 쿠데타를 성공시킨 사례에 착안한 반군 활동 홍보 방송이었다. 또 그는 쿠바섬 전역에서 늘어나고 있는 반군 부대 간의 무선 전화 통신에도 성공했다. 쿠바 바티스타 정부군과 싸울 때 체 게바라가 구축한 전략으로 빠르게 타격하고 순식간에 도주하는 게릴라 방식의 전투로 라스 메데스 전투와 산타클라라 전투에서 큰 성과를 냈다. 이러한 내용들을 기록으로 남겨 세계에 프롤레타리아 사회주의 정부를 수립할 때 활용하도록 게릴라전 매뉴얼북을 집필했다. 그 책이 바로 그의 『게릴라전』이다. 비록 체 게바라는 안타까운 모습으로 세상을 떠났지만, 그의 정치 및 혁명 사상은 전설이 되어 오늘날까지 깊은 울림을 주고 있다.

380 풍습, 예절, 민속학
체 게바라의 일상과 라틴아메리카의 풍경

체 게바라의
주거환경과 가정생활

 체 게바라의 부모는 아르헨티나 중상류층의 유산을 물려받은 사람들이었다. 아르헨티나의 중상류층은 아르헨티나를 식민 지배했던 유럽 본국인 에스파냐인을 조상으로 둔 사람들이다. 체 게바라의 성인 '게바라'는 에스파냐의 바스크 지방의 가문이 사용하는 성씨였다. 그들은 에스파냐가 아르헨티나를 통치하던 시절에 유럽에서 건너와 멘도사 도시를 설립했다. 이와 함께 체 게바라의 부계에는 아일랜드에서 건너온 린치 가문의 혈통도 흐르고 있었다. 체 게바라의 아버지인 에르네스토 라파엘 게바라 린치는 아일랜드에서 에스파냐의 바스크 지방을 거쳐, 후에 아르헨티나가 되는 리오 데 라 플라타로 건너와 파라나 강 지역의 총독이 된 패트릭 린치(1715~1789)의 후손이라는 것에 대한 강한 자부심을 갖고 있었다.

체 게바라가 쿠바 혁명이 성공한 후 교통부 장관으로 재직하던 시절, 예정에 없던 아일랜드를 방문하고 그 소식을 알리는 편지를 아버지에게 보낸 것은 체 게바라의 아버지가 아일랜드 후손인 것을 늘 자랑스러워했기 때문이다. 패트릭 린치의 아들인 후스토 파스토르 린치(1755~1830)는 아버지와 어머니의 부유한 자산을 상속받은 후 에스파냐의 부유한 상속녀와 결혼했는데, 그가 소유한 재산은 아르헨티나에서 첫째 손가락으로 꼽히는 광대한 목초지였다. 그의 아들이 체 게바라의 증조부인 파트리시오 훌리안 린치 이루(1789~1881)인데, 그는 아르헨티나에 해운 회사를 설립했고, 아르헨티나 및 칠레 군대에서 복무하며 라틴아메리카 독립의 수호자로 칭송받던 산마르틴을 비롯한 독립운동가들을 지지하고 그들에게 적극적으로 협력했다. 그뿐만 아니라 단편소설을 비롯한 문학작품을 쓰는가 하면 그림도 그렸고, 아르헨티나의 농촌 도서관 운동을 주도했다. 그 모습은 놀랍게도 혁명가이면서 저술가이며 시인이고, 민중 교육을 위해 많은 노력을 한 체 게바라의 모습과 닮았다.

체 게바라의 아버지보다 더 명망 있는 가문 출신은 그의 어머니인 셀리아 데 라 세르나이다. 그녀는 페루의 마지막 총독인 호세 드 라 세르나(1770~1832)의 후손이자 아르헨티나의 전통적인 대규모 목장주의 상속녀로서 막대한 유산을 물려받았다. 그녀의 아버지는 부에노스아이레스대학교의 법학부 교수였으나 그녀가 2세 때 자살했고, 어머니도 그녀가 15세 때 사망했다. 부모 대신 그녀의 성장을 도운 언니가 아르헨티나 공산당원이어서 그녀도 그 영향을 받아 무신론자이면서 정치 운동가로 활동했다.

그녀가 받은 교육과정을 통해 당시 부유한 아르헨티나 여성들의 교육 상태를 잘 알 수 있다. 그녀는 부에노스아이레스에 있는 프랑스 성심학교를 졸업한 후 한때 수녀가 되고 싶은 소망을 갖기도 했다. 체 게바라는 불어를 구사할 수 있었는데, 어머니가 그에게 어릴 때부터 불어를 가르쳐 주었기 때문이다. 이것은 아르헨티나 상류 사회에서 불어가 중상류층의 언어로 소통되었다는 것을 보여준다. 셀리아가 받은 교육 과정을 통해 당시 아르헨티나에서 중상류층 여성들의 교육기관이 가톨릭 계통의 프랑스 여학교이며, 수녀원이 주요한 신앙생활의 안식처이자 여성들이 가장 많이 지망하는 곳임을 짐작할 수 있다.

    체 게바라에게도 영향을 끼친 바 있는 무신론자이자 자유주의자이고 페미니스트인 셀리아는 여성 해방에 관심을 가지면서 성적인 자유와 여성의 자율성을 소중하게 생각하는 진보적인 중상류층 엘리트 여성으로 거듭난다. 모험을 즐기고 진보적인 내용을 담은 서적을 탐미하는 것은 물론 여행을 즐기고 관습을 타파하는 것을 즐겼다. 그렇다고 해도 이런 모습이 결코 당시 아르헨티나 여성의 일반적인 모습은 아니었다. 대부분의 여성들이 보수적인 가톨릭 전통의 집안에서 자유로운 활동을 허용받지 못하는 생활을 했다. 성에 대한 개념도 전통적이고 보수적이어서 자유연애나 결혼하지 않은 상태에서 아이를 갖는 것이 허용되지 않았다. 그 한 예로 사실 체 게바라의 부모는 혼전 임신을 했는데, 이를 숨기고 결혼식을 올려 체 게바라가 달을 채우지 못하고 출생한 아이로 알려지게 되었다.

셀리아는 당시 가톨릭 사회에서는 좀처럼 용인하기 힘든 남자처럼 짧게 자른 머리를 하고 줄담배를 피고 다녔다. 담배는 라틴아메리카가 에스파냐에 의해 식민 지배를 당하기 전부터 아메리카 대륙에서 재배했던 신품종이었다. 식민지가 된 이후 이윤 창출을 위해 담배 재배가 적극 장려되었고, 아르헨티나인들은 셀리아처럼 담배 피우기를 즐겼다.

시가를 사랑한 천식 환자

체 게바라 이미지에서 빼놓을 수 없는 것이 시가를 피우는 모습이다. 천식에 시달리는 어린 에르네스토의 건강을 생각해 아버지는 물론 줄담배를 즐기는 어머니까지 그가 담배 피우는 것을 원치 않았다. 체 게바라가 시가를 처음 피우게 된 것은 그의 나이 28세 때인 1956년이었다. 한 농부가 캄파나(campana)꽃을 피우면 호흡 곤란을 완화할 수 있다고 권하자 그는 꽃에 이어 시가를 처음 피우기 시작한 것이다. 이후 피델 카스트로와 행동을 같이하게 된 그는 피델의 영향으로 쿠바산 시가를 애호하게 되었다. 게릴라 시절에는 물품이 귀했기 때문에 구할 수 있는 것은 모두 피웠지만, 쿠바 혁명 정부의 고위 공직자 시절에는 시가 중에서도 값비싼 브랜드로 이름 높았던 몬테크리스토, 파르타가스 등의 브랜드를 선호했다.

얼마나 시가를 즐겼던지 사람들에게 시가가 자신의 고질병인 천식을 완화한다고 말하기도 했고, 심지어 폐기종 진단을 받고 금연 처방이 내려졌을 때는 의사에게 간곡히 부탁해 하루에 시가 한 대를 피우는 것을 허락받을 정도였다. 체 게바라가 볼리비아 반군에 합류해 게릴라 활동을 할 때인 1967년, 피델은 그에게 '처칠' 브랜드의 시가 한 상자와 아바나 클럽 럼주 3병을 비밀 루트를 통해 보내주었다. 그의 생애에서 마지막으로 접하는 귀한 시가 상자였다. 술을 잘 마시지 않던 체 게바라도 이때는 럼주한 모금을 마시며 시가를 피우는 기쁨을 만끽했다고 전해진다.

그림 3. 시가를 너무도 사랑했던 체 게바라

산중에서 시가를 더 이상 구할 수 없었던 체 게바라는 생애 마지막으로 볼리비아의 안데스산맥에 있는 작은 마을에서 그의 생애 마지막이 될 담배를 구입했다. 그가 체포된 것은 1967년 10월 8일이었다. 체

포된 날 목격된 그의 모습은 끔찍했다고 볼리비아 헬리콥터 조종사가 술회한 바 있다. 머리는 흙투성이였고, 옷은 찢겨 있었으며, 오른쪽 종아리에는 총을 맞은 채 발은 가죽 덮개로 덮여 있었다. 체포된 초췌한 모습에도 불구하고 그는 고개를 높이 들고 좌중의 눈을 바라보며 담배를 요청했다. 담배가 제공되어 그가 파이프 담배를 피우게 되었는데, 비열한 한 장교가 기념품으로 가지려고 그에게서 파이프를 뺏어가려고 하자, 총이 그를 겨누고 있었는데도 장교를 발로 차버렸다. 죽음을 눈앞에 둔 순간에도 담배 파이프는 그의 삶을 초월한 용기를 나타내는 자존심이었다.

체스 애호가

담배는 피하도록 했던 체 게바라의 아버지였지만, 체스는 그가 3살이 되었을 때부터 가르쳤다. 체 게바라는 12살 때 체스 대회 토너먼트에 출전할 정도로 실력파가 되었다. 아마도 복잡하고 다양한 변수가 존재하는 체스가 체 게바라의 왕성한 지적 욕구를 충

족시켜 주었을 것으로 보인다. 체 게바라의 아버지는 아들이 체스에 깊은 흥미를 가지자 그의 지적 취미를 고양시켜 주기 위해 체스 관련 서적을 사들였다. 어릴 때부터 성장기까지 그의 집 장서에는 체스 관련 서적이 체스 도서관을 방불케 할 정도로 많았다.

쿠바 혁명이 성공하고 체 게바라가 산업부 장관이면서 국립은행 총재로 재직할 당시, 쿠바 혁명 정부 차원에서 대규모의 체스 대회가 아바나의 힐튼 호텔에서 개최되었다. 민중의 시름을 달래주기 위해 정부가 나서서 체스의 대중화에 앞장선 것이다. 힐튼 호텔은 혁명 후에 정부의 주도로 이름을 '리브레'로 바꾸었는데, 이 호텔의 한 층 전체를 대회장으로 활용해 세계 체스 챔피언이었던 쿠바인 호세 라울 카파블랑카 이 그라우페라(1888~1942)를 기념하는 카파블랑카 기념 체스 대회를 열었다. 이 경기는 세계에서 가장 많은 상금을 받는 체스 토너먼트 경기였다. 그 상금의 재정적 마련은 체스를 무한히 사랑하는 국가 권력 2인자인 체 게바라가 국립은행 총재였기에 가능했다.

또한 체 게바라는 1962년 직접 체스계의 전설로

불리는 폴란드계 아르헨티나인인 미겔 나이도르프 (1910~1997)를 상대로 빅경기를 벌였다. 이 사람은 폴란드인이었는데 제2차 세계대전이 일어나자 홀로코스트를 피해 아르헨티나로 와 시민이 되었다. 배려심이 있는 명선수인 그는 윈스턴 처칠(1874~1965)과 후안 페론, 피델 카스트로 등 세계의 유명 인사와 체스를 겨룰 때는 무승부로 경기를 끝내주었다. 그런데 승부 근성이 가득한 체 게바라는 그의 무승부 제안을 단연코 거절했다. 할 수 없이 나이도르프는 체 게바라와 접전을 벌여 승리를 거뒀다. 그때 이 두 사람이 겨뤘던 체스판이 현재도 온라인 체스 사이트에 남아 있어 지금도 전 세계 체스 매니아들의 관심을 끌고 있다(https://www.chessgames.com/perl/chessgame?gid=1101539&kpage=1 참조).

  2004년 4월 29일, 쿠바의 에르네스토 체 게바라 광장에서 1만 3,000개의 보드가 설치된 대규모의 체스 경기가 국가 차원에서 개최되었다. 경기에는 피델 카스트로도 참가했으며, 체스를 즐겼던 체 게바라를 기리는 뜻깊은 행사로 진행되었다.

스포츠

체 게바라는 어린 시절 체스 이상으로 럭비를 좋아했다. 아버지의 반대와 격렬한 천식 발작을 참으면서 럭비 유니온의 일원이 되어 공격적인 선수로 활동했다. 경기 중 천식 발작이 일어났을 때는 산소 흡입기를 사용하며 다시 경기에 나올 정도로 럭비에 대한 열정이 넘쳤다. 럭비를 통해 얻은 강인한 정신과 팀워크의 중요성은 체 게바라의 혁명 활동에도 많은 영향을 미쳤을 것이다.

아르헨티나인들은 우리가 잘 아는 축구 외에 럭비를 매우 즐긴다. 그들은 스포츠에 대한 치열한 경쟁심을 갖고 있는데, 특히 국가의 자랑거리인 축구만큼 선수들의 뛰어난 경기력을 자랑하는 스포츠가 럭비다. 아르헨티나의 럭비 유니온 국가대표팀인 로스 푸마스(Los Pumas)는 럭비 월드컵에서 높은 순위를 자랑한다. 국가대표팀 별칭이 '로스 푸마스'가 된 것은 아직 체 게바라가 생존했던 1965년의 일이다. 최초의 해외 순방으로 남아프리카공화국을 방문한 아르헨티나 럭비팀에게 현지 언론사 기자가 붙인 이름을 아르헨티나 국민들이 즐겨 부르게 되면서 팀의 별칭이 되었다.

럭비와 축구 외에도 아르헨티나인들이 즐기는 스포츠에는 배구, 복싱, 농구, 하키, 테니스가 있으며, 전통 경기로는 농구와 폴로가 혼합되어 말을 타고 펼치는 파토가 있다. 파토는 1890년대 영국에서 들어온 농구에서 발전한 팀 볼 스포츠 경기로 7명으로 구성된 두 팀이 경기를 벌인다. 경기는 코트 양쪽 끝에 있는 높은 링에 공을 던져 골을 넣는 것을 목표로 전개된다. 세스토볼은 아르헨티나 여학교에서 여학생들이 즐기는 스포츠다. 아르헨티나 스포츠 교육의 아버지로 추앙되는 엔리케 로메로 브레스트(1873~1958)가 1897년 중등 체육 프로그램으로 창안했다. 한 팀당 6명의 선수가 두 팀으로 나뉘어 결승선에서 5미터 떨어진 곳에 위치한 바스켓에 공을 넣는 경기다. 아르헨티나인들은 테호라고 하는 경기도 즐긴다. 테호는 스페인어에서 '해변'을 뜻하는 말이다. 이 스포츠는 1960년 아르헨티나 마르데아요 해안에서 해변 게임으로 탄생했다. 두 팀이 직사각형 필드에 테호스라고 부르는 작은 디스크를 던져서 경합하는 방식으로 전개되며 전 연령대에서 남녀 모두가 즐기는 경기다.

식생활

　스포츠를 즐기는 아르헨티나인들은 광활한 팜파스의 비옥한 목초지에서 기른 육질이 좋은 쇠고기를 즐겨 먹었다. 1958년에 한 언론사가 보도한 통계에 의하면, 그 해에 아르헨티나인들의 연간 쇠고기 소비량은 1인당 약 100킬로그램에 달했다. 쇠고기를 먹는 방법으로 가장 애용되었던 것이 숯불과 장작을 이용해 바비큐로 만들어 먹는 '아사도'였다. 양념을 하지 않고 소금만 뿌린 고기를 통째로 나무 막대기에 낀 후 활활 타오르는 숯불에 구워 먹는데, 치미추리나 살사 크리올라가 곁들여진다. 치미추리는 올리브 오일에다 다진 파슬리, 마늘, 소금, 검은 후추, 양파, 파프리카 등을 섞은 소스다. 살사 크리올라는 식초에 토마토와 양파를 섞은 소스다.

　이탈리아 이민자들에 의해 유입된 수제 파스타와

피자도 아르헨티나인들이 흔히 먹는 주식이었고, 고기, 치즈, 달콤한 옥수수와 다양한 속을 넣어 구워낸 페이스트리인 엠파나다는 아르헨티나의 파티나 축제 때 제공되는 메인요리로 볼리비아에서도 즐겨 먹는 요리다. 지역마다 특색 있는 변종을 만들어 먹었는데, 예를 들면 체 게바라의 조상이 세운 도시인 멘도사의 엠파나다는 크기가 크고 속에 올리브와 마늘을 넣고 구웠다. 체 게바라가 성장한 지역인 코르도바에서는 정향과 함께 와인에 삶은 배를 속 재료로 넣었다. 아마도 과테말라, 멕시코, 쿠바, 콩고, 볼리비아는 물론 전 세계를 혁명가로, 외교가로 누비고 다녔던 체 게바라가 늘 그리워했던 고향 음식이 엠파나다였을 것이다.

체 게바라의 아버지는 후에는 토목 사업을 했지만, 한때는 아내의 상속금을 활용해 마테나무 농장을 경영했다. 마테나무 잎으로 우려 만드는 마테차는 아르헨티나 사람들이 가장 즐겨 마시는 차다. 체 게바라도 이 차를 매우 좋아했고, 안정적인 쿠바 혁명 정부 시절에도 마테차를 즐겨 마셨다. 체 게바라는 마테차

만큼 커피도 즐겼다. 쿠바 혁명이 성공한 후 그가 혁명 동지인 피델 카스트로와 함께 혁명 정부의 원대한 계획을 논의하며 커피를 마시는 사진이 남아 있다.

소탈하고 편한 의복 스타일

체 게바라를 찍은 가장 유명한 사진은 1960년 쿠바의 《혁명(Revolucion)》 신문사의 사진 기자인 알베르토 코르다(1928~2001)가 찍은 것이다(그림 4 참조). 분노해 이글거리고 있는 체 게바라의 모습을 순간 포착해서 찍은 이 사진은 사진에 붙여진 '영웅적 게릴라'라는 제목과 아주 잘 어울린다. 당시 체 게바라는 미국 중앙정보국 CIA가 쿠바 아바나 항구에서 저지른 사건으로 알려진 프랑스 화물선 쿠브레호 폭발 사고의 희생자 장례식에 참석하고 있었다. 이 사진은 1967년 체 게바라의 죽음 이후 이탈리아 극좌파 출판인인 지안야코모 펠트리넬리(1926~1972)에게 인도되어 가로 1미터 세로 70센티미터의 포스터로 인쇄되었는데, 6개월 만에 100만 장 이상 팔려 나갔다.

그림 4. 알베르토 코르다가 찍은 체 게바라 사진
〈영웅적 게릴라〉

그는 머리에 붉은 별이 달린 검은 베레모를 쓰고 있다. 다듬지 않은 머리는 귀를 덮었고, 면도한 적이 없는 것 같은 덥수룩한 수염이 저항적 이미지를 부각시킨다. 옷은 전투복 스타일의 점퍼를 입었다. 그의 복장은 늘 군복이었다. 혁명 중일 때도, 또 혁명이 끝난 후에 유엔을 포함한 전 세계를 다니며 외교 활동을 할 때도 군복을 입고 군화를 신어 언제라도 투쟁을 위해 전선에 뛰어들 것 같은 활동적인 모습을 대중들에게 각인시켰다.

그의 학창 시절의 복장을 보면 어느 서구 사회에서나 흔히 볼 수 있는 셔츠에 바지를 입고 있다. 그가 살던 곳이 대도시였기 때문이다. 중상류층이었기 때문에 부모를 포함해 가족들 모두 유럽에서 보는 것 같은 세련된 복장을 갖춰 입었다. 그런 복장은 아르헨티나인들의 전통 복장과는 상이하다. 아르헨티나인의 전통 복장은 '가우초'다. 가우초는 과라니족의 말로는 '고아'나 '방랑'를 뜻했는데, 페루에서 라플라타 지방으로 이주한 에스파냐 이민자들이 농업을 포기하고 목축업을 생업으로 삼게 되면서 '목동'을 의미하는 말이 되었다. 팜파스 지역의 목축업 종사자들이 많은 아르헨티나에서 가우초 복장은 숙련된 승마에 능한 목동들이 입는 복장이었다. 챙이 넓은 모자를 써서 햇빛으로부터 얼굴을 보호하고, '봄바차'로 부르는 승마에 편안한 느슨하고 헐렁한 바지 위에 '폰초'라는 망토 스타일의 겉옷을 둘렀다. 그리고 체 게바라가 즐겨 신는 군화와 비슷한 가죽 부츠를 신었다.

체 게바라 가족은 아버지가 경영하던 마테나무 농장이 실패로 끝난 후 부에노스아이레스로 귀환했다. 어머니인 셀리아는 집을 살롱처럼 이끌어 나갔다. 저녁 식탁에는 풍부한 대화가 넘쳐흘렀고, 그녀는 거의 중독이라고 할 정도로 카드놀이를 즐겼다. 중상류층이면서 집에 그림이나 인테리어 장식품, 호화스러운 가구는 찾아볼 수 없었던 반면 선반마다 책이 가득했다. 체 게바라는 상류 사회의 유행이나 사치스러운 모습을 따르지 않는 어머니의 영향을 많이 받아서 보헤미안 스타일을 편하게 생각했고, 외모를 꾸미는 데 거의 신경을 쓰지 않았다. 그의 별명은 '돼지'를 의미하는 뜻의 '찬초(Chancho)'였는데, 셔츠를 잘 갈아입지 않고 목욕은 몇 주 동안 하지 않아 그의 몸에서는 늘 좋지 않은 냄새가 났기 때문이다.

열악하고 비위생적인 게릴라 생활

체 게바라가 혁명을 완수하기 위해 피델 카스트로 등과 게릴라 생활을 할 때, 집에서 먹던 음식다운 음식을 마련할 길이 막막했다. 주식은 농민들이 주로 먹는 '타로'라는 뿌리채소를 으깨고 감자와 비슷한 '말랑가'를 삶아 싱거운 죽으로 만들어 먹거나 녹색 바나나를 삶아 먹는 것이었는데, 매일 같은 음식이 계속되다 보니 그 맛없음에 질리곤 했다. 때로는 단백질을 보충하기 위해 뱀을 잡아먹기도 했다. 머리를 친 후 가지에 매달아 피를 빼고 가죽과 내장을 제거한 후 막대기에 꽂아 굽는 것이었다. 이것은 훌륭한 게릴라들의 식사가 되었다.

체 게바라는 게릴라전에 돌입한 초기에 아르헨티

나에서 먹던 아사도를 동료들에게 재현해 먹이기 위해 야윈 소를 구입한 후 막대기에 끼워 아사도로 요리하려고 했지만, 제대로 불을 피울 장작 나무를 구할 수가 없었다. 결과는 고기 중 일부는 날고기가 되었고, 다른 부분은 숯같이 타버렸다. 다음 날이 되자 더운 날씨에 체 게바라가 조리한 고기가 상해 구더기가 바글거렸다. 그런데도 체 게바라의 동료들은 꾸역꾸역 그것을 먹었다고 전해진다.

게릴라전 초기에는 덜 익혀진 비위생적인 음식으로 끼니를 해결하다가 결국 배탈이 나서 게릴라 전사들이 묽은 대변을 너도나도 보는 바람에 장소명이 '똥'과 연관한 이름인 '똥 싼 언덕(La Loma de la Cagalera)'으로 불리게 된 곳도 있었다. 게릴라 활동 끝자락인 볼리비아 전선에서 체 게바라도 설사를 했는데, 갈아입을 옷이 없어서 끔찍한 냄새와 축축함을 참으며 전선을 이동해야 했던 암울했던 하루가 그의 『볼리비아 일기』에 고스란히 기록되어 있다. 체 게바라가 체포되어 사살되기 전 마지막으로 먹은 아침 식사는 땅콩이 들어간 수프와 국수, 그리고 감자였다.

그에게 마지막 아침 식사를 가져다주었던 당시 19세의 여교사는, 후에 그가 너무 배고파서 숨도 쉬지 않고 다 먹어 치웠다고 회상했다.

400

자연
과학

CHE GUEVARA

400 자연과학 일반
체 게바라가 살던 시대의 자연과학 발전 상황

 체 게바라가 활발하게 활동하던 1950년대와 1960년대는 자연과학 분야에서 매우 중요한 발전이 이뤄졌던 시기다. 그중에서도 수학, 물리학, 천문학, 생명과학 부문의 발전이 두드러졌다. 그가 쿠바의 고위 공직자 생활을 청산하고 세계 혁명 전선에 뛰어들었던 1960년대에는 생태학 연구의 영향으로 환경 운동이 시작되는 전기가 마련되었다.

 먼저 수학 부문을 보면 1950년대에 현대 수학의 기초가 확립되면서 활발한 수학 학회 활동이 이뤄졌다. 19세기에 고작 단 두 번만 열렸던 국제 수학 학회가 20세기에는 두 차례에 걸친 세계대전 시기를 제외하고 4년에 한 번씩 활발하게 개최되었고, 학회 숫자도 21개에 달했다. 대수학 분야에서는 스웨덴의 수학자 라르스 회르만더(1931~2012)의 연구에 힘입어 편미분 방정식의 근대적 이론이 확립되었다. 그는 1952년 수학계의 노벨상으로 불리는 필즈상을 수상했다. 대수기하학도 괄목할 만한 발전을 이뤄 현대 기하학의 기초가 마련되었다. 일본의 천재 수학자 이토 기요시(1915~2008)는 '이토 미적분'의 창시자로 확률적 미분학과 확률적 미분 기하학 사이의 연결을 이뤄냈다. 교토대학과 미국 코넬대학 교수를 지냈던 그의 연구 결과는 금융 수학에 매우 유용해서 '미국의 월가에서 가장 유명한 일본인'이라는 명성을 얻었다.

또 미국의 수학자 스티븐 스메일(1930~)은 3차원 공간에서 구를 뒤집는 과정인 구면 반전의 존재를 규명함으로써 미분 위상 수학을 크게 발전시켰다. 영국의 수학자인 해롤드 스콧 맥도날드 콕세터(1907~2003)도 균일 다면체에 대한 완벽한 분석을 이뤄냈다.

1950년대에는 확률과 통계학 분야에서도 비약적인 발전이 있었다. 통계학자인 미국의 도널드 마쿼트(1927~1997)의 연구 성과에 힘입어 컴퓨터 과학과 데이터 분석의 기반이 다져졌다. 1960년대에는 지수 정리가 영국의 수학자 마이클 아티야(1929~2019)와 미국의 수학자 이사돌 가수(1924~2021)에 의해 발표되어 외관상 전혀 다른 분야 같았던 해석학과 기하학 사이의 연결 고리가 만들어졌고, 이는 20세기 미분 기하학의 가장 중요한 정리로 자리매김했다. 집합 연구에서도 이란의 수학자 로트피 자데(1921~2017)에 의해 고전적인 집합론 개념이 확장되어 퍼지 집합 이론이 고안되었다. 우리가 언론 매체를 통해 들은 바 있는 '나비효과'를 창안한 사람으로 유명한 미국의 기상학자이며 수학자인 에드워드 로렌즈(1917~2008)는 '로렌즈 방정식'을 발표해 큰 반향을 일으켰다. '로렌즈 방정식'은 3차원 공간상에서 대기의 대류를 나타내는 수학의 한 분야인 동역학계 이론에 적용되는 것이다. '나비효과'는 그가 1972년 미국 과학부흥협회에서 실시한 강연에서 제목을 '예측 가능성: 브라질에서의 한 나비의 날갯짓이 텍사스에 돌풍을 일으킬 수도 있는가 (Does the Flap of a Butterfly's Wings in Brazil Set Off a Tornado in Texas?)'라고 한 것에서 용어가 처음 생겨났다.

한편 물리학은 1950년대에 양자역학, 입자 물리학 분야에서 많은 발전을 이뤘다. 양자역학은 분자, 원자, 전자, 양성자, 중성자 등 물리계의 작은 입자들이 갖는 파동과 입자의 이중성, 측정에서의 불확정성 원리 등을 연구하는 현대 물리학의 기초 이론이다. 1955년 미국의 물리학자인 클라이드 코원(1919~1974)과 프레데릭 라이너스(1918~1998)는 중성미자 실험에서 중성미자를 처음 발견하는 성과를 냈다. 독일의 물리학자인 클라우스 욘손(1930~2024)은 후에 '가장 아름다운 실험'으로 찬양받게 되는 실험에서 빛과 물질이 고전적 입자와 고전적 파동의 행동을 모두 보여줄 수 있음을 입증하는 이중 슬릿 실험에 성공했다. 초전도 현상의 원리를 양자역학의 관점에서 설명하는 이론도 미국 학자 존 바딘(1908~1991), 리언 쿠퍼(1930~2024), 존 로버트 슈리퍼(1931~2019)의 공동 연구 성과로 밝혀져 그들 이름의 앞 글자를 모아 BCS 이론으로 명명되었다.

한편 1950년대와 1960년대의 물리학 분야 노벨상 수상자를 살펴보면, 입자 물리학에서 탁월한 성과를 낸 물리학자들이 수상하고 있어 이 시기에 원자핵 내의 기본 입자와 그 입자들 사이의 상호 작용에 대한 연구가 활성화되었다는 것을 알 수 있다. 영국의 물리학자인 존 콕크로프트 경(1897~1967)은 아일랜드의 물리학자인 어니스트 월튼(1903~1995)과 함께 원자핵을 분리하는 데 성공해 핵에너지 개발에 있어 중요한 역할을 수행했다. '중국의 퀴리 부인'이라는 별명을 가진 중국계 미국 여류 물리학자이며 제2차 세계대전 중 투하된 원자폭탄의 핵 실험인 맨해튼 계획에도 참여한 바 있는 우 지엔슝(1912~1997)은 그녀의 이름을 따서 수행한 '우 실험'에서 입자 물리 및 핵물리 실험에서 놀라운 결과물을 산출해 물리학계에 큰 충격을 안겨주었다. 이 실험이 가져온 반향은 매우 커서 실험에 참여했던 중국계 미국 물리학자들인 양전닝(1922~)과 정다오 리(1926~2024)에게 1957년 노벨 물리학상을 안겨주었다.

인류 역사상 1960년은 과학사에서 획기적인 해다.

지금은 어린이도 잘 알고 있는 레이저가 언론 앞에 공식적으로 노출된 해이기 때문이다. 레이저는 원자나 분자 내부에 축적된 에너지를 집약적으로 뽑아낸 매우 응집력 있는 광선이다. 1960년 7월 미국의 물리학자인 T. H. 메이먼 박사(1927~2007)는 뉴욕 맨해튼의 기자회견장에서 보도진이 모인 가운데 레이저 빔으로 풍선을 터뜨려 레이저의 놀라운 효과를 세상에 발표했다.

그로부터 3년 후인 1963년, 역사상 두 번째인 여류 노벨 물리학상 수상자가 탄생했다. 1903년 탄생한 첫 여류 노벨 물리학상 수상자는 라듐을 발견한 폴란드 물리학자이자 프랑스로 귀화한 마리 퀴리(1867~1934)였다. 두 번째 여류 노벨 물리학상을 수상한 주인공은 독일계 미국인 물리학자인 마리아 괴퍼트메이어(1906~1926)로, 그녀는 원자핵의 껍질 등 원자핵의 구조를 밝혀 영광의 주인공이 되었다.

한편 1950년대 후반부터 천문학이 크게 발전하기 시작했다. 체 게바라가 멕시코에서 피델 카스트로와 함께 쿠바 혁명을 위해 8인승 보트에 몸을 싣고 멕시코 해안 상륙을 감행하던 1956년, 네덜란드의 드빙겔로 천문대는 당시 세계에서 가장 큰 직경 25미터에 달하는 전파 망원경을 가설했다. 전파 망원경의 설치는 문명 발생 시기 이후 계속되었던 별과 우주 관측에 혁명적인 결과를 낳았다. 접시 형태의 전파 망원경을 통해 먼 우주로부터 오는 전파를 수집해 태양계 이외의 다른 행성계의 존재를 확인할 수 있게 되었다. 그러나 드빙겔로 전파 망원경의 기록은 바로 다음 해인 1957년, 영국 잉글랜드 체셔에 있는 조드렐 뱅크 천문대가 직경 75미터에 달하는 전파 망원경을 가설함으로써 세계 최고의 기록을 넘겨주게 되었다. 1950년대 후반부터 개발된 전파 망원경에 의한 천문학의 발전은 2016년 정점에 달한다. 중국은 현재 세계에서 가장 큰 전파 망원경을 가설하고 있는데, 직경만 500미터로 축구장 30개 크기를 자랑하고 있다.

1950년대는 생명과학이 본격적으로 발전하는 시기이기도 하다. 1953년 미국의 분자 생물학자이자 유전학자인 제임스 왓슨(1928~)과 영국의 생물학자인 프랜시스 크릭(1916~2004)은 DNA의 이중 나선 구조를 처음 발견했다. 그들은 그 공로로 1962년 노벨 생리의학상을 수상했다. 이 발견으로 유전학과 분자 생물학의 혁명을 가져왔으며, 유전자와 유전 정보에 대한 메커니즘의 이해를 크게 확장시켰고, 20세기 후반에 이뤄지는 유전 공학의 가능성을 열어주었다.

인간의 삶은 지구 생태계와 밀접한 관련을 맺고 있다. 지구 생태계가 파괴되면 인간의 생명은 지속되기 어렵다. 1960년대에 생태학을 연구한 한 해양 생물학자에 의해 인간에 의한 지구촌 생태계 파괴의 위기를 엄중히 경고하는 저서가 발간되었다. 1962년 미국의 해양 생물학자인 레이첼 카슨(1907~1964)은 그녀의 명저인 『침묵의 봄』을 통해 과학기술이 초래한 환경오염의 위험을 대중에게 적극적으로 알려 환경 운동의 문을 활짝 열게 했다. 그녀는 이 책에서 DDT 등의 살충제와 농약이 새, 물고기, 야생동물, 인간에게 미치는 파괴적인 결말을 설득력 있는 문장으로 고발했다. 이 저서의 파문은 매우 커서 미국 당국은 서둘러 「국가환경정책법」을 처음 제정했고, 지구촌의 환경을 지켜나가는 환경 운동이 본격화되었다.

500

기술
과학

CHE GUEVARA

500 기술과학 일반
체 게바라가 살던 시대의 기술과학 발전 상황

텔레비전과 자동차의 발전

 체 게바라는 중상류층의 부유한 가정에서 태어났기 때문에 어릴 때부터 집에서 흑백텔레비전을 보면서 성장했다. 체 게바라가 성인이 되어 대학교에 입학한 이후 텔레비전은 기계식에서 전자식으로 진보해 컬러 방송이 송출되기 시작했다. 공식적으로 1950년 1월에 미국의 대표적인 방송국인 CBS(Columbia Broadcasting System)가 수도 워싱턴 D.C에서 매주 월요일부터 토요일까지 1시간 분량의 컬러 방송 프로그램을 송출했다. CBS는 공공 건물에 8대의 16인치 컬러 수신기를 설치해 방송을 송출했으며, 10개월 후에는 뉴욕에서 시범 송출했다.

그러나 CBS 기반 시스템은 흑백텔레비전과 컬러텔레비전 시스템 사이에 호환이 되지 못하는 문제점이 있었고, 1950년 일어난 6·25 전쟁에 미국이 참전하게 되면서 판매도 부진했다. 이에 미국라디오공사(Radio Corporation of America, 이하 RCA)는 미국의 표준 아날로그 컬러텔레비전 색상 인코딩 방식을 자사 방식으로 제정하기 위해 총력전을 펼쳤다. 1950년 컬러텔레비전의 표준 방식을 결정하기 위한 국가텔레비전시스템위원회(National Television System Committee, 이하 NTSC)는 RCA 방식을 국가 표준으로 하기로 결정했고, 미국연방통신위원회(Federal Communications Commission, FCC)는 이를 그대로 받아들였다. 이후 RCA 방식을 NTSC 방식으로 부르게 되었다. 이에 따라 1954년 1월부터 미국의 컬러텔레비전은 NTSC 방식으로 방송이 송출되었다. 이 해에 RCA는 21인치 컬러텔레비전의 생산과 판매를 시작했다. 다만 아직

가격이 높고 컬러로 제작된 프로그램이 부족해 대부분의 지역에서 계속 흑백텔레비전 시청이 계속되었다. 1964년 통계를 보면 미국의 텔레비전 소유 가구의 3.1퍼센트만이 컬러텔레비전을 보유하고 있었다.

미국에 이어 세계에서 두 번째로 컬러텔레비전을 구현한 국가는 쿠바다. 쿠바는 피델 카스트로와 체 게바라 등이 달성한 쿠바 혁명이 일어나기 전 해인 1958년, 수도 아바나에서 채널 12번으로 국립텔레비전시스템위원회가 개발한 컬러텔레비전 방송을 송출했다. 그러나 쿠바 혁명 기간에는 송출이 중단되었고, 쿠바 혁명 정부의 친소 정책으로 컬러텔레비전 방식도 미국식이 아닌 프랑스에서 개발해 소련에서도 사용한 SECAM(Séquentiel de couleur à mémoire) 방식으로 송출이 진행되었다. 쿠바는 1975년 이후 미국식의 NTSC 텔레비전 시스템을 사용했다. 에콰도르는 쿠바보다 1년 빠른 1974년에 NTSC 방식으로 컬러 방송을 송출해 라틴아메리카 최초의 NTSC 컬러 방송 송출 국가가 되었다.

이번에는 자동차와 비행기의 기술 발전 과정에 대

해 알아보자. 체 게바라의 어린 시절에는 디젤 승용차가 다녔지만, 1950년 영국의 로버(Rover)사에서 처음 가스 터빈 엔진을 탑재한 자동차를 공개했다. 제트기에 사용한 것과 같은 엔진이 장착된 2인승 승용차의 공개 주행에서 가스 터빈 엔진을 장착한 로버사의 자동차는 시속 90마일의 속도에 엔진은 분당 5만 회전수로 작동했다. 당시까지 자동차는 휘발유와 디젤을 이용했지만, 비용 측면에서 상당한 부담이 되었다. 가스 터빈 엔진의 자동차 개발로 연료에 있어서 획기적인 발전이 이뤄졌다. 이 해의 연간 세계 자동차 생산 수는 1000만 대에 이르렀고, 1956년에는 1억 대에 달했다.

비행기의 발전

자동차의 발전과 더불어 비행기도 진보했다. 영국의 1세대 제트 추진 중형 폭격기인 캔버라(Canberra)가 1951년 제트 항공기로는 처음으로 무착륙 대서양 횡단 비행에 성공했다. 캔버라는 1950년대에 조금씩 고도 상승 비행 기록을 경신했는데, 1957년에는 2만 1430미터까지 오르는 세계 최고의 고도 비행 기록을 세웠다. 캔버라는 체 게바라가 혁명가로서 라틴아메리카에서 혁혁하게 이름을 날리던 바로 그 시기에 폭격기로 명성을 날리며 라틴아메리카부터 베트남 전쟁 지역까지 세계 곳곳의 분쟁 지역에 투입되었다.

전쟁이 일어나면 무기 기술이 향상되기 마련이다. 냉전 시기 전 세계에서 각광받았던 록히드 F-104 스타 파이터 전투기는 1951년 6·25 전쟁 중에 전투기 조종사들과의 인터뷰를 통해 조종사들이 원하는 옵션을 충분히 고려해 만든 전투기였다. 당시 록히드 항공사의 수석 설계자는 인터뷰 내용을 참고해 최대 고도와 최고 상승 성능을 가지면서도 가벼운 전투기를 제작했다. 그 결과 1954년 처음 실험 비행에 성공했고, 1958년에는 14만 419엠피에이치(mph, 한 시간 동안 움직인 거리를 마일로 표시한 속도 단위)의 세계 속도 기록을 세우면서 최고의 상승률과 고도 기록을 보유한 항공기가 되었다. 이후 중국과 대만 사이에 일어난 극한 대립인 1959년 제2차 대만 해협 위기 당시와 1961

년 일어난 베를린 장벽 위기, 냉전 시대의 대표적 열전인 베트남 전쟁 시기 동안 5000회 이상의 전투 출격을 하는 기록을 세웠다.

1969년에는 인공위성이 발사되기 전 유인 항공기가 세운 최고 기록도 나왔다. 미국 공군과 미항공우주국(National Aeronautics and Space Administration, 이후 NASA)이 개발한 실험 항공기인 X-15 항공기는 시속 4520마일의 속도로 3만 1120미터까지 올라가 중간권까지 도달함으로써 유인 동력 항공기가 기록한 최고 속도의 공식 세계 기록을 세웠다.

한편 1950년대부터 민간 여객기 개발도 일진보했다. 1952년 세계 최초의 제트 여객기 코메트가 영국 런던에서 요하네스버그까지 처녀비행에 올랐다. 처음 시승 승객 수는 35명으로, 시속 731킬로미터의 속도로 비행했으나 구조가 약해 공중분해하고 말았다. 그러나 2년 후인 1954년 세계 최대 항공기 제작 회사인 보잉사에서 1600만 달러의 비용을 투자해 4개의 제트 엔진이 장착된 보잉 367-80을 개발했다. 이를 출발점으로 삼아 상업용 장거리 제트 여객기가 제작되어 1958년부터 보잉 707-120이 정기 운행을 시작하게 되었다.

폭탄 개발의 가속화

제2차 세계대전에서 미국에 의해 원자폭탄이 투하된 이후 구소련도 1949년 원자폭탄 개발에 성공한다. 그때부터 미국과 구소련 사이에 무기 개발 경쟁이 첨예하게 진행된다. 1950년 미국 트루먼 대통령(1884~1972)은 구소련의 원자폭탄 개발을 견제하기 위해 수소폭탄 개발 계획을 승인했다. 수소폭탄은 제2세대 핵무기로 '핵융합무기', '열핵폭탄' 등으로 부른다. 원자폭탄의 핵분열 반응에서 일어나는 방사선과 초고온·초고압을 이용해 수소의 동위원소인 중수소나 삼중수소 등의 핵융합 반응을 유발해 막대한 에너지를 얻는 무기다.

헝가리 태생의 유대계 물리학자이자 '수소폭탄의 아버지'로 불리는 에드워드 텔러(1908~2003)와 폴란드 출신의 미국 수학자인 스타니스와프 울람(1909~1984)

이 '텔러―울람 설계'에 의한 다단계 열핵폭탄을 개발했다. 미국은 1952년 1만 1000여 명이 살고 있는 태평양의 마셜제도에 있는 환초로 이뤄진 엘루겔라브섬에서 주민들을 모두 이주시킨 후 첫 수소폭탄 실험을 감행했다. 이 실험의 작전명은 '아이비 마이크(Ivy Mike)'. 실험 결과, 섬이 지구상에서 사라지는 엄청난 위력이 나타났다. 당시 원자력위원회 위원장은 미국의 제34대 대통령에 오를 아이젠하워(1890~1969)에게 "엘루겔라브섬이 사라졌다!"라고 보고했다. 히로시마나 나가사키 원자폭탄 투하에서 보였던 대형 버섯구름이 나타났고, 폭탄의 불덩어리는 폭이 5.8~6.56킬로미터에 높이만 37킬로미터에 달했다. 수소폭탄은 원자폭탄보다 165배 큰 폭발력을 보였다. 섬이 있던 자리에는 바닷물이 들어찬 원형 분화구만 남았다.

미국의 수소폭탄 실험 후 강대국들도 수소폭탄 실험에 나섰다. 소련은 바로 다음 해인 1953년 실험에 성공했고, 영국은 1957년, 중국은 1967년, 프랑스는 1968년에 실험에 성공했다.

우주 탐사 기술의 발전

수소폭탄 제조 이후 수년이 지나 강대국 간에 우주 탐사 경쟁이 일어났다. 1957년 10월 4일 구소련은 세계 최초로 라디오 송신 장치를 장착한 인공위성 스푸트니크 1호를 발사해 우주 시대를 열었다. '스푸트니크(Спутник)'는 러시아어로 '동반자'를 의미하는 용어로, 지름은 58센티미터 무게는 83.6킬로그램의 강철로 된 공 모양의 인공위성이었다. 스푸트니크 1호는 96분마다 한 번씩 총 1440번 지구 궤도를 돌다가 1958년 지구 대기로 떨어져 타버렸다. 이어서 소련은 1957년 11월 스푸트니크 2호에 '라이카'라는 이름의 개를 실어 발사했다. 스푸트니크 2호는 지구 역사상 최초의 생명체 탑승 우주선으로 기록되었다. 안타깝게도 최초의 우주개가 된 라이카는 심한 스트레스와 과열로 우주 진입 수 시간 만에 생명을 잃었다.

스푸트니크의 발사는 세계 최초로 원자폭탄과 수소폭탄을 최초로 보유한 강대국이라는 미국의 자부심을 산산조각 냈고, 미국을 비롯한 서방 세계에 큰 충격을 안겼다. 이것을 '스푸트니크 충격'이라고 일컫는다. 미국은 스푸트니크 충격을 계기로 과학기술과 교육정책에 일대 혁명을 일으키게 되었다. 미국은 먼저 서둘러 1958년 1월 미국 최초의 인공위성인 익스플로러 1호를 발사했다. 익스플로러 1호 발사가 성공하자 미·소 양국을 중심으로 하는 본격적인 우주 탐사 경쟁 시대가 시작되었다. 미국은 이어 우주 개발 기술에 박차를 가하기 위해 NASA로 부르는 미항공우주국을 창설했다.

미·소가 우주 탐사 경쟁을 전개하는 과정에서 드디어 유인 우주선도 발사되었다. 먼저 소련에서 인류 최초로 우주인 유리 가가린(1934~1968)이 1961년 4월 12일 보스토크 1호를 타고 지구 궤도를 도는 우주 비행에 나서 성공적으로 귀환했다. 이후 그는 6번 더 우주 탐사에 나서서 지구 우주 탐사 역사에 입지전적인 인물로 남았다. 미국도 질세라 1961년 앨런 셰퍼드 주니어(1923~1998)를 태운 머큐리 프리덤 7호를 발사하는 데 성공했다. 특히 미국의 제35대 대통령인 존 F. 케네디(1917~1963)는 10년 안에 인류를 달에 착륙시키겠다고 선언해 미국의 달 탐사 계획을 성큼 앞당겼다.

바로 다음 해인 1962년 체 게바라의 적극적인 외교적 노력으로 소련 핵미사일의 쿠바 배치가 성사되면서 미국의 존 F. 케네디 대통령과 소련의 서기장 흐루쇼프(1894~1971)가 격돌해 세계를 핵전쟁의 공포로 몰아넣었던 쿠바 미사일 위기가 일어났다. 미국은 우주 탐사에 박차를 가해 1962년에는 존 글렌(1921~2016)이 지구 궤도를 비행하는 데 성공했으며, 유인 우주 비행 계획이 제미니 계획(Project Gemini)이라는 이름으로 1964~1966년까지 이어졌다. 그리고 드디어 1967~1975년 사이에 전개된 아폴로 계획에 의해 선장 닐 암스트롱(1930~2012), 사령선 조종사 마이클 콜린스(1930~2021), 달 착륙선 조종사 버즈 올드린(1930~)을 태운 아폴로 11호가 1969년 7월 16일 발사되어 7월 20일 20시 17분 달 착륙에 성공했다. 이로써 미국의 우주 탐사 계획이 소련을 크게 앞지르게 되었다. 닐 암스트롱과 버즈 올드린은 달에 발자국을 남긴 최초의 인류가 되었다. 달에 발을 딛는 순간 닐 암스트롱은 인류를 향해 이렇게 말했다.

"이것은 한 명의 인간에게 있어서는 작은 한 걸음이지만, 인류에게 있어서는 위대한 도약이다 [That's one small step for (a) man, one giant leap for mankind]."

하지만 체 게바라는 1967년 볼리비아 전선에서 사살당했기 때문에 전 세계의 6000만 명이 중계를 통해 지켜본 이 역사적인 장면을 보지 못했다.

510 의학 ①
체 게바라가 살던 시대의 의학 발전 상황

 1950년대 당시 인류를 위협했던 전염병으로 소아마비와 홍역이 있었다. 한 방송사의 다큐멘터리 프로그램에서 "미국은 원자폭탄을 제외하고 소아마비에 떨고 있다"라는 멘트를 할 정도로 소아마비는 공포의 대상이었다. 제2차 세계대전을 이끌었으며 유엔을 창설하는 데 큰 역할을 했던 미국의 루스벨트 대통령(1882~1945)도 소아마비 후유증으로 다리를 크게 절었다. 1952년에만 미국에 5만 8000건의 소아마비가 보고되어 3,145명이 사망하고 2만 1,269명이 다리에 큰 장애를 입었다. 그런데 그 해에 너무나 다행스럽게도 미국의 의학 연구자인 조너스 솔크(1914~1995)에 의해 소아마비 백신이 개발되었다. 3년 후인 1955년에는 180만여 명의 어린이를 통한 백신 시험이 매우 성공적으로 이뤄졌다는 공식적인 발표가 나와 인류는 마침내 소아마비를 퇴치할 수 있게 되었다.

홍역은 에스파냐 정복자들에 의해 유럽인들이 몰랐던 새로운 대륙에 균이 퍼지면서 천연두, 디프테리아, 매독과 함께 막대한 인명 피해를 낳은 전염병이다. 홍역은 전염력이 매우 강해 생활 공간을 공유하는 사람들 10명 중 9명이 감염되며, 어린이뿐 아니라 성인에 이르기까지 모든 연령대에 전염되는 질병이다. 이러한 홍역의 공포에서 인류를 벗어나게 해 준 사람이 "현대 백신의 아버지"로 불리는 미국의 생물학자인 존 프랭클린 엔더스(1897~1985)이다. 바이러스 연구에 평생을 바친 그는 1954년 11세 소년 환자로부터 홍역 바이러스를 분리해 낸 후 노벨상 생리의학 부분 수상자가 되었다. 이후에도 그는 장장 7년 동안 백신 연구 개발에 매달렸다. 그가 백신 실험을 위해 활용한 아동들만 해도 뉴욕시의 정신 지체 아동 1500여 명, 나이지리아의 아동 4000여 명 등 무려 5500여 명에 달했다. 1961년 미국을 대표하는 시사 잡지인 《뉴스위크지》는 마침내 홍역 백신 개발에 성공했음을 대대적으로 알렸다. 겸손한 그는 성공의 공을 공동 연구자들의 헌신적인 연구와 협력 덕분이라고 돌려 더욱 칭송을 받았다.

존 프랭클린 엔더스가 노벨 생리의학상을 수상하기 1년 전인 1953년, 큰 병에 걸려 수술을 한 후 생식 능력이 사라질 위험에 처할 수 있었던 남성들에게 희소식이 들려왔다. 냉동 정자 보관이 가능해진 것이다. 정자의 냉동은 -80도 이하에서 이뤄졌다. 1967년에는 암으로 생명을 잃은 미국 캘리포니아대학교 심리학 교수인 제임스 베드포드(1893~1967)가 미래 의학의 발달에 의한 부활을 기대하며 인류 역사상 최초의 동결 시체가 되었다. 그의 냉동 시신은 현재까지도 알코르생명연장재단(Alcor Life Extension Foundation)에 냉동된 상태로 보존되어 있다.

지금은 일상적으로 병원에서 시술하고 있는 초음

파 검사는 사실 그 역사가 길지 않다. 1961년 오스트레일리아의 보건부에서 수행한 연구를 통해 최초로 실용적인 초음파 스캐너가 탄생했다. 이때 사용된 방법은 피험자를 물이 채워진 통에 앉히고 초음파 검사를 하는 수조식 초음파 검사였다. 첫 시도가 성공하자 3년 후인 1956년에는 안과와 산부인과에서 초음파 검사가 성공적으로 진행되었다.

심장 박동기도 1950년대 탄생한 것이다. 1950년 캐나다의 전기 공학자인 존 알렉산더 홉스(1919~1998)는 토론토 의과대학 심장흉부외과 의사들의 관찰을 바탕으로 최초의 체외형 심장 박동기를 제작했다. 인간에게 장착할 경우 감전 위험이 있을 수 있기 때문에 장착 실험은 토론토 의과대학연구소에서 키우는 개에 부착되었다. 이 실험이 성공한 후 조금씩 진보되기 시작한 심장 박동기는 마침내 1958년, 콜롬비아 의사와 전기 엔지니어에 의한 공동의 노력으로 무게 45킬로그램에 달하는 심장 박동기가 개발되어 70세의 신부에게 장착한 결과 그의 생명을 구할 수 있었다.

1950년대에는 인간의 신장 이식이 가능해졌다. 가톨릭 신자이며 미국의 성형외과 의사인 조셉 E. 머레이(1919~2012)는 신장 이식 수술을 처음으로 진행하기 이전에 윤리적인 문제는 없는지 성직자들과 깊이 있는 상담을 나눴다. 생명을 구하기 위한 것이었기에 종교·윤리적으로도 허용되는 것인지를 확인한 그는 1954년 12월 23일, 보스턴병원에서 5시간 30분 동안의 수술을 통해 일란성 쌍둥이 사이에서 세계 최초로 신장 이식 수술을 성공적으로 수행했다. 신장을 기증한 사람은 쌍둥이 중 건강한 신체를 가진 동생 로널드 리 헤릭(1931~2010)이었고, 신장 이식을 받은 사람은 만성 신염으로 죽어가던 형 리처드 리 헤릭(1931~1963)이었다. 신장 이식이 성공적으로 진행된 이후 리처드는 심장마비로 세상을 떠나기까지 8년을 생존했고, 그동안 그는 2명의 자녀도 낳았다. 신장을 기증했던 로널드는 어떤 합병증도 없이 수술 후 50년 이상을 생존했다. 이후 진보된 의학 발전에 의해 인간 대 인간에 의한 심장 이식(1957년), 간 이식 및 폐 이식(1963년), 췌장 이식(1966년)이 차례차례 성공적으로 진행되었다.

  1950년대부터 인공 장기도 활발하게 연구가 진행되었다. 네덜란드 출신으로 미국 시민권을 얻은 심장 전문의 빌렘 요한 핌 컬프(1911~2009)는 1957년 인공 심장을 개발해 개에게 장착시킨 결과 개가 90분 동안 생존했다. 이를 계기로 인공 심장 개발 연구가 빠른 속도로 곳곳에서 진행되었다. 1964년에는 미국 국립보건원(National Institutes of Health, NIH)이 공식적으로 10년 안에 인공 심장을 인간에게 이식한다는 목표 아래 인공 심장 프로그램을 시작했다. 컬프도 미국 유타대학교에서 인공장기부서를 설립하고 인공 장기 개발에 적극 나섰다. 유타대학교 연구팀은 이후 개발한 인공 심장으로 송아지를 297일 동안 생존시키는 데 성공했다. 1982년에는 마침내 유타대학교에서 인체에 인공 심장을 영구히 이식하는 수술이 거행되었다. 수술 결과 인공 심장을 갖게 된 환자가 112일 동안 생존해 인공 장기 시대가 열리게 되었다.

510 의학 ②
체 게바라의 건강 상태와 의학도로서의 길

체 게바라를 괴롭힌 천식

체 게바라는 평생 천식에 시달렸다. 그의 일생을 그린 다큐멘터리들을 보면 산속에서 게릴라 활동을 펼칠 때도 천식에 시달리며 숨도 제대로 쉬지 못하는 모습이 평상시 모습으로 그려져 관람객의 안타까움을 자아내곤 했다. 천식은 기도에 생긴 염증으로 기도 폐쇄가 발생해 호흡 곤란을 일으키는 질환이다. 천식을 가리키는 영어 단어 'asthma'는 그리스어 'ásthma'에서 유래한 것인데, 그 뜻은 '헐떡거림'

이다. 체 게바라를 고통스럽게 한 천식에 걸리면 숨 쉴 때마다 '색색' 거리는 소리가 나고, 숨쉬기가 어려우며, 쉴 새 없는 재채기에 시달리게 된다. 천식이 심해지면 기도에 산소가 유입되지 않아 청색증이 오고, 심각한 가슴 통증에 스스로 가슴을 거머쥐게 된다. 그리고 이러한 증상은 체 게바라가 겪었듯이 하루에 몇 번이나 발생할 수 있다.

하지만 체 게바라는 산속에서 총을 들고 정부군과 목숨을 걸고 싸워야 하는 게릴라 대장이었다. 그는 말은커녕 숨도 제대로 쉴 수 없는 상태에서 초인간적인 인내로 작전을 진두지휘했고, 빗발치는 총격전 속에서도 부대원들이 전멸하지 않도록 작전을 이끌었다. 그렇기에 지금도 전 세계의 수많은 사람들이 죽음을 두려워하지 않는 그의 용기와 타들어 가는 가슴을 부여잡고도 결코 포기하지 않고 작전 수행을 했던 그의 인간 승리와 같은 지도력에 찬사를 보내고 있다.

천식은 명확한 치료법은 없지만 통제할 수는 있다. 알레르기와 호흡기를 자극하는 유발 물질을 피하고 흡입 코르티코스테로이드를 사용하면 증상을 억제

할 수 있다. 만약 그래도 천식의 증상을 멈출 수 없다면, 코르티코스테로이드를 흡입하는 것에 더해 이를 정맥 주사로도 맞고 안정을 취해야 한다. 하지만 혁명을 수행하는 싸움 중에 좀 더 맑은 공기를 맡을 수 있도록 엄폐물을 제거하고, 호흡기를 자극하는 각종 칡덩굴이나 수풀을 없애는 것은 가능한 일이 아니다. 정부군에게 신체가 드러나지 않도록 은닉하는 것이 게릴라에게는 필요했기 때문이다.

끼니를 잇기도 어려울 정도로 열악한 지경에서 전투가 진행될 때가 많았으므로 천식에 필요한 약품을 보급받는 것은 하늘의 별 따기만큼이나 쉽지 않았다. 천식으로 인해 발작이 일어나면 고작해야 동료가 몸을 반복적으로 활처럼 구부렸다가 일으키기를 도와주어 좀 더 숨을 잘 쉴 수 있게 해주는 일이 고작이었다. 그런데 체 게바라는 그 참을 수 없는 숨 막히는 고통을 정신력으로 버텼다. 얼마나 고통스러웠을까? 얼마나 참기 어려운 시간이었을까? 체 게바라의 인내와 용기, 정신력은 혁명을 이뤄낸 역사에 길이 이름을 남긴 사람의 초인간적인 모습이라고 평할 수 있다.

체 게바라가 천식에 걸린 것은 그의 아버지의 술회에 의하면 체 게바라 어머니의 실수에서 비롯된 것으로 전해진다. 매우 추운 날 아침, 산 이드로 항해 클럽(San Isidro Nautical Club)에서 어머니와 함께 수영을 한 체 게바라는 어머니가 수영을 즐기는 동안 추운 수영복을 입은 채 덜덜 떨며 방치되어 있다가 기관지염에 걸렸고, 기관지염이 악화되면서 천식에 걸리게 되었다는 것이다. 아르헨티나에서 유서 깊은 가문 출신으로 유복한 중상류층 생활을 했던 체 게바라의 부모는 장남인 에르네스토('체 게바라'라는 이름을 갖기 전 원래 이름)가 조금이라도 숨을 잘 쉴 수 있도록 기후 조건이 천식에 적합한 곳을 찾아 새로운 보금자리를 마련했다.

체 게바라가 어린 시절을 보낸 코르도바 지방의 알타그라시아는 부유층이 머무르는 관광지이면서 동시에 높은 고도와 건조한 공기로 호흡기 질환이 있는 사람들이 체류하는 곳이었다. 그런데도 그의 천식은 좀처럼 호전되지 않았다. 어린 시절 그는 천식 증세의 빈번한 재발로 하루 종일 엎드려 있는 때가 많았다. 그가 학교에 입학한 것은 그의 또래들이 2학년이 되었을 때였다. 입학한 후에도 그의 친구들이 천식 발작을 일으킨 체 게바라를 집에 데려다주는 일이 많았다. 그는 지속적으로 식이 요법과 의학적 치료를 병행하면서 증세를 완화하기 위해 많은 노력을 기울였다. 또 천식이 악화되는 것을 막기 위해 조용히 집에서 생활하며 체스를 두거나 독서에 집중하게 되었다.

의학도로서의 길과 체 게바라의 선택

천식은 체 게바라의 성격에도 영향을 주었다. 천식의 증세를 견뎌내면서 그에게 자연스럽게 깊은 인내와 자제력이 생겨났다. 또 천식은 그를 의과대학으로 진학하게 이끌었다. 자신의 지병을 치료함은 물론 인간을 공격하는 질병을 정복해 보겠다는 청년의 뜨거운 열정으로 의과대학을 진학하는 데 조금의 주저함도 없었다.

그는 부에노스아이레스 국립대학교의 의과대학에 진학한 후 잠시 학업을 뒤로 미루고 모터사이클 여행을 떠났다. 여행 동안 페루의 수도 리마에서 유명한 한센병 전문가이며 페루 공산당 지도자인 의사 우고 페스체 박사(1900~1969)와 조우하게 된다. 박사가 체 게바라에게 끼친 영향은 매우 컸다. 이때부터 체 게바라는 박사가 걸어온 삶을 본받아 매우 열악한 생활을 하며 의료 혜택을 거의 받지 못하고 있는 라틴아메리카 사람들을 헌신적으로 치료하는 의사의 삶을 살겠다고 결심한다.

우고 박사에 대한 체 게바라의 뜨거운 존경심은 그가 게릴라 전쟁의 전략을 담은 저서 『게릴라전』을 출간했을 때 이 책을 자필 서명과 함께 박사에게 보내 헌정한 것을 보면 잘 알 수 있다. 체 게바라는 리마에서 우고 박사의 안내로 리마 외곽에 위치한 한센병 전문병원을 방문해 이곳에서 몇 달간 머무르며 한센병 환자를 치료하는 활동을 했다. 또 아마존강 유역의 한센병 전문병원에도 머무르며 치료를 도왔다. 병원의 의사들과 한센병 환자들은 아무런 대가도 받지 않고 자신들의 치료를 위해 힘써 준 체 게바라의 따뜻한 마음에 감동해 그와 그의 친구 그라나도에게 강

하류를 여행할 수 있는 뗏목을 제공했다. 뗏목을 타고 콜롬비아의 국경 마을인 레티시아를 거쳐 콜롬비아의 수도 보고타로 간 두 사람은 산 후안 데 디도스 공립병원에서 의료 봉사를 했다. 그 후 베네수엘라의 수도 카라카스로 이동해 그곳에서도 한센병 환자 수용소에 머무르면서 환자 치료를 도왔다.

여행하는 동안 의사가 되기 위해서는 의과대학 학업을 하루빨리 마치는 것이 좋겠다고 생각한 체 게바라는 1952년 부에노스아이레스로 돌아왔다. 어서 의사가 되어 헐벗고 굶주리고 있는 라틴아메리카 사람들에게 치료의 손길을 보태겠다는 그의 열정은 단 6개월 만에 그가 패스하지 못하고 떠났던 14개 교과목을 무사히 통과하게 만들었고, 다음 해인 1953년 드디어 의학 학위를 취득한다. 의과대학에서 수학하는 동안 그는 천식 연구로 이름난 클리닉에서 조수로 일하기도 했다. 그러나 학업을 마치고 25일 만에 다시 떠난 두 번째 라틴아메리카 여행에서 부패한 독재 정권에 핍박받으며 빈곤, 굶주림, 질병에 시달리는 라틴아메리카 사람들의 삶을 목격하면서 그는 다른 길을 선택하게 된다. 의사로서의 길 대신 이들을 질병보다 더 시급한 핍박의 가시밭길에서 구해내는 무장투사의 길이 바로 그가 선택한 길이었다.

600

예술

600 예술 일반
예술 속 체 게바라의 모습

    수많은 예술작품들이 체 게바라의 혁명에 헌신한 삶과 영웅적 게릴라의 삶을 반추하는 내용으로 제작되어 그를 기리고 추모했다. 쿠바는 그를 "혁명의 상징"으로 적극 홍보했다. 쿠바 국민들 사이에서도 체 게바라는 '사랑받는 국민 영웅'으로 추앙받는다. 혁명을 성공시킨 오만하고 군림하는 지배자가 아니라, 웃옷을 벗고 노동자들과 함께 땀을 흘리며 건설 현장에서 노동으로 힘을 보태 주며 소탈한 웃음을 보여주었던 사람, 사탕수수밭에서 무거운 자루를 어깨에 짊

어지고 무급 자원봉사를 한 사람, 전심전력으로 쿠바의 국력과 경제를 살리고 문맹을 탈출시키기 위한 교육 사업에 헌신했던 인물로 기억하고 있다.

조각과 그림

쿠바 전역의 관공서와 학교, 공공건물, 기념관, 화폐 등에 그의 동상과 그림, 조각이 전시되어 있고 새겨져 있다. 가장 대표적인 작품은 체 게바라가 1961년부터 1965년 사이에 산업부 장관으로 근무했던, 현재는 쿠바 내무부 건물인 그곳에 새긴 조각상이다(그림 5 참조). 이 작품은 1960년 쿠바의《혁명》신문사의 사진 기자인 알베르토 코르다(1928~2001)가 찍은 사진을 바탕으로 작가 엔리케 아빌라(1914~1992)가 제작한 작품이다.

그림 5. 쿠바 내무부 건물에 새겨진 체 게바라 조각상

쿠바의 우표와 3페소 동전에는 체 게바라의 얼굴과 함께 그가 한 명언 "조국이 아니면 죽음을!(Patria o Muerte)"이 새겨져 있다. 알베르토가 찍은 사진을 이용한 예술작품은 수도 없이 만들어졌는데, 그중 가장 유명한 두 작품을 소개한다.

하나는 1968년 아일랜드 작가인 짐 피츠패트릭(1946~)이 만든 포스터다(그림 6 참조). 10대 대학생으로

그림 6. 짐 피츠패트릭이 만든 체 게바라 포스터

마린호텔 펍에서 아르바이트를 할 때인 1963년, 그는 소련으로 향하던 중 예정에 없이 아일랜드에 머무르게 된 체 게바라와 쿠바인들을 그곳에서 만난 적이 있었다. 뜻하지 않게 펍의 문을 열고 들어온 체 게바라는 아일랜드 위스키에 물을 타달라고 요청했다. 쿠바 혁명에 대해 잘 알고 있던 그는 체 게바라에게 아일랜드와 관련된 그의 가계를 물어보았다. 체 게바라는 자신의 조상과 부모가 지닌 아일랜드와의 관련성을 설명하며 특히 아버지 이름에 북아일랜드 성인 '린치'가 포함되어 있다고 답했다. 또 아일랜드가 대영제국의 지배를 벗어던진 최초의 나라라는 것에 대해 깊은 존경심을 표했다. 1968년 짐 피츠패트릭은 포스터를 완성하면서 의도적으로 이미지 저작권을 제거했다. 좀 더 많은 곳에서 체 게바라의 혁명적 이미지가 사용되기를 바랐기 때문이다.

알베르토 작품을 경이로운 팝아트 작품으로 창안해 낸 것으로 알려진 또 한 명의 작가는 마릴린 먼로의 실크 스크린 작품 등으로 유명한 미국이 자랑하는 팝아티스트인 앤디 워홀(1928~1987)이다. 〈체 게바라〉라는 제목의 이 작품은 신문에 보도된 체 게바라의 사망 사진을 앤디 워홀이 즐겨 그리는 실크 스크린 수법으로 제작한 것이었다(https://www.wikiart.org/en/andy-warhol/che-guevara 참조). 그러나 이 작품을 실제로 제작한 사람은 앤디 워홀이 아니라, 작품의 완성을 도와주는 조수이자 시인이며 영화감독인 제라드 말랑가(1943~)였다.

말랑가가 1968년 이탈리아 여행을 갔을 때 돈이 떨어져 귀국 경비를 마련할 길이 없었다. 수년 동안 앤디 워홀의 실크 스크린 작품을 도와주었기 때문에 비교적 쉽게 신문 보도 사진을 바탕으로 앤디 워홀 스타일의 작품을 만들 수 있었다. 그는 이 작품을 앤디 워홀 작품이라고 속여 로마의 한 화랑에 3000달러에 판매했다. 또 전시회 때는 한 작품당 50달러씩 받고 실크 스크린 판화 50점도 판매했다. 이후 화랑이 작품의 출처와 진위를 의심하게 되자 마음이 다급해진 말랑가는 앤디 워홀에게 도움을 요청하는 간절한 내용의 편지를 보냈고, 조수의 딱한 사정을 알게 된 앤디 워홀은 이 작품의 판매 수익을 자신이 차지하는 조건으로 자신의 진품으로 인정해 주었다. 이 웃지 못할 사건은 체 게바라가 일찍 절명한 배우 제임스 딘(1931~1955)이나 가수 엘비스 프레슬리(1935~1977)의 인기를 뛰어넘을 만큼, 지금으로 말하면 MZ세대에게 엄청난 사랑을 받는 슈퍼스타가 되었기에 가능한 일이었다.

노래

체 게바라에게 헌정된 예술작품 중 큰 비중을 차지하고 있는 것으로 노래를 빼놓을 수 없다. 1965년은 체 게바라가 쿠바에서 가졌던 모든 고위 공직자 자리를 내놓고 또 다른 혁명을 위해 콩고로 향하던 해다. 그는 생사를 같이했던 혁명 동지인 피델 카스트로에게 편지를 남겨 작별을 고했고, 피델 카스트로는 이 편지를 공개적으로 쿠바 국민들에게 읽어주었다. 쿠바의 싱어송라이터인 카를로스 푸에블라(1917~1989)는 편지에 대한 답장 형식으로 〈아스타 시엠프레, 코만단테(Hasta Siempre-Comandante)〉를 지어 체 게바라에게 헌정했다. 노래 제목에 들어가는 '아스타 시엠프레'는 체 게바라의 유명한 명언인 "Hasta la victoria siempre!(영원한 승리의 그날까지!)"를 차용한 것이다. 여러 의미로 번역될 수 있지만, 혁명을 향해 떠나는 체 게바라에게 작별을 고하며 '영원히, 사령관님' 정도로 해석하면 무리가 없다. 4절로 되어 있고 후렴이 달려 있는데, 시간의 흐름에 따라 쿠바 혁명의 발원지인 시에라 마에스트라 산악지대에서 혁명의 쐐기를 박는 결정적인 승리인 산타클라라의 승리를 언급하고, 다음 혁명을 위해 떠나는 체 게바라에게 작별을 고하는 내용이다.

> [1절]
> 우리는 사랑을 배웠지.
> 역사의 고원으로부터
> 그대 용맹의 태양이
> 죽음을 에워싼 그곳.

[4절 후렴]

우리 그대 뒤따라가리,

그대가 계속한 연대의 길을.

그리고 피델이 말한 것처럼

"사령관이여 영원하라!"

  이 노래는 전 세계 가수들에 의해 200여 가지 버전으로 불렸을 만큼 매우 유명하다. 대표적인 가수로는 프랑스 배우이자 가수인 나탈리 가돈(1967~)과 쿠바의 싱어송라이터인 실비오 로드리게소(1946~)가 있다. 나탈리 가돈의 노래는 1997년에 출시되었는데, 프랑스 싱글 차트 2위를 기록했고, 벨기에 프랑스어권인 왈로니아 차트에서는 1위를 기록했다. 2009년 개최된 세계다보스포럼에 저항해 열린 세계사회포럼에서는 에콰도르의 라파엘 콜레아 대통령(1963~), 파라과이의 페르난도 루고 대통령(1951~), 베네수엘라의 우고 차베스 대통령(1953~2013)과 볼리비아의 에보 모랄레스 대통령(1959~)이 이 노래를 목청껏 불렀다. 그들 모두 좌파 지도자로 체 게바라를 열렬히 찬양하는 사람들이었다.

체 게바라에게 헌정된 노래는 쿠바뿐 아니라 조국인 아르헨티나의 록 밴드와 칠레, 베네수엘라, 에스파냐, 미국 캘리포니아 밴드에 이르기까지 전 세계의 가수와 싱어송라이터에 의해 만들어졌다. 그중 프랭크 델가도는 1970년생으로 체 게바라가 세상을 떠나고 태어난 사람이었지만, 투쟁과 저항의 상징인 체 게바라를 기리는 노래를 만들었다. 가사에서 그의 죽음 이후에 태어난 세대가 그를 어떻게 추종하는지 엿볼 수 있어 일부를 소개한다. 제목은 〈팔에 방패를 걸고(Con La Adarga Al Brazo)〉다.

…당신은 팔에 방패를 걸고 도로로 돌아오며
소년들의 스웨터에 그림을 그리거나 벽에서 지켜보고 있군요.
그렇기 때문에 나는 당신을 좋은 안전장치로 지갑에 넣고 다니거나,
집에서 만든 성자의 작은 카드처럼
언젠가 나쁜 날이면 나를 보호하고 내 귀를 잡아당

길 수 있도록 가지고 다녀요.…

　현대의 혁명 전사에게 왜 중세에서나 봄직한 '방패' 이미지를 투영했을까? 문학을 소개할 때 언급하겠지만, 체 게바라가 가장 좋아라 하며 읽고 또 읽은 책이 『돈키호테』다. 델가도에게는 체 게바라가 돈키호테같이 자신의 이상을 위해 싸우는 기사의 모습으로 보였음을 노래한 것이다.

영화와 다큐멘터리

　이번에는 체 게바라의 삶과 투쟁 과정을 감동적인 영상으로 제작한 영화와 다큐멘터리에 대해 알아보기로 하자.

　체 게바라를 주제로 다룬 영화 중에서 연대기적으로 가장 먼저 세상에 나온 작품은 1968년에 이탈리아에서 제작한 〈엘 "체" 게바라(El "Che" Guevara)〉다. 감독은 파올로 호이쉬(1924~1982)였고, 에스파냐 배우인 프란시스코 라발(1926~2001)이 주연을 맡았다. 영화 제목에서 "체"를 강조한 것은 아르헨티나인들이 자주 말하는 친근함을 표시할 때 사용하는 '친구' 정도의 뜻을 가진 "체"를 체 게바라가 자주 사용해서 그의 동료들이 별명같이 그의 이름에 "체"를 넣어 불렀고, 그 결과 그의 이름이 체 게바라로 굳어졌기 때문이다. 영화는 아쉽게도 큰 주목을 받지 못했는데, 영화 내용도 체 게바라의 마지막 투쟁 지역인 볼리비아의 게릴라 활동에만 초점을 맞추고 있다. 이 영화에서 볼리비아 산악지역으로 조명된 곳도 실제로는 이탈리아의 사르데냐 지방에서 촬영한 것이었다.

바로 다음 해에 명배우 오마 샤리프(1932~2015)가 주연하고 미국 영화감독 리처드 플라이셔(1916~2006)가 제작한 영화 〈체!(Che!)〉(1969)가 세상에 나왔다. 이 영화는 1956년 체 게바라가 쿠바에 처음 도착한 이후부터 1967년 볼리비아에서 생을 마칠 때까지의 그의 삶을 다룬 전기 영화다. 감독은 인터뷰에서 체 게바라를 지지하거나 비판하는 그 어느 쪽에도 치우치지 않는 작품을 만들려 했다고 말했다. 그러나 작품을 통해 일부 관객들은 매우 분노했고, 극우 관객은 영화관에 몰려가 시위를 벌였다. 체 게바라가 쿠바 혁명이 성공한 이후에 가차 없이 반역자를 처형하는 무자비한 장면이 관객을 자극했기 때문이다. 또 적극적인 마르크스주의자로서 피델 카스트로를 움직여 쿠바와 소련 간에 외교 관계를 적극적으로 수립해 '쿠바 미사일 위기'를 일으키게 한 장본인이 바로 체 게바라였다는 사실을 영화가 적나라하게 보여주었기 때문이다. 이 영화는 혹평을 받았고, "대중적 인기를 얻고 있는 인물의 전기적 영화를 통해 돈을 벌겠다는 욕심으로 제작된 영화"라는 악평까지 이어졌다. 결정적으로 1978년 출간된 『역대 최악의 영화 50편』에 선정되는 불운을 겪었다.

반면 수많은 관객과 비평가들이 명작이라고 호평을 쏟아냈던 작품이 있는데, 바로 2004년 개봉한 〈모터싸이클 다이어리(The Motorcycle Diaries)〉다. 브라질 영화감독인 월터 살레스(1956~)의 작품으로, 체 게바라 역은 멕시코 배우인 가엘 가르시아 베르날(1978~)이 맡았다. 영화는 1952년, 23세의 젊은 의학도 에르네스토 "퓨저" 게바라가 그의 오랜 친구이자 생화학자인 알베르토 그라나도와 함께 낡고 골칫덩어리지만 소중한 모터사이클 '노턴 500호'를 타고 부에노스아이레스를 출발해 4개월간 8000여 킬로미터를 횡단하는 여정을 그리고 있다. 여행하는 동안 그들이 어떤 일을 겪었고, 무엇을 보고 느꼈으며, 여행이 끝난 후 생의 수레바퀴를 왜 돌리게 되었는가에 대해서는 앞에서 상세히 설명한 바 있다. 감독은 영화에서 체 게바라가 천식에도 불구하고 의사와 한센병 환자의 세계를 가르고 있는 섬 사이의 강을 건너가 의사의 거처가 아닌 한센병 환자 오두막에서 밤을 보내기로 하는 장면을 통해 그의 달라진 신념을 노출시킨다. 즉 이 장면은 체 게바라가 자신의 부유하고 유복한 출생 신분을 거부하고 게릴라 전사가 되어 인간으로서 마땅히 누려야 할 존엄성을 위해 투쟁하는 삶을 선택할 것이라는 점을 상징적으로 보여준다. 영화는 체 게바라가 읊조리는 내레이션으로 막을 내린다. 실제로 그가 자신의 일기에 적었던 내용 그대로다.

> "길에서 지내는 동안 무슨 일인가가 일어났다.
> 대륙 여행은 생각 이상으로 나를 변화시켰다.
> 난, 더 이상 내가 아니다.
> 적어도 과거의 나와 같은 나는 이제 없다."

이 영화는 2004년 칸 영화제 기술상과 2005년 아카데미 시상식 주제가상을 받았다.

한편 체 게바라에 대한 전기 영화나 다큐멘터리 작품 중에는 수작으로 회자되는 작품도 여럿 있다. 먼저 1994년 스위스 영화감독 리처드 딘도가 제작한 다큐멘터리 〈에르네스토 체 게바라, 볼리비아 일기 (Ernesto Che Guevara, le journal de Bolivie)〉가 있다(이 다큐멘터리는 현재 감독이 직접 유튜브에 공개한 영상을 통해 누구나 감상할 수 있다). 여성의 내레이션으로 시작된 영상 속에는 첫 장면부터 사살당한 체 게바라의 충격적인 보도사진이 등장한다. 이 다큐멘터리는 그가 1966년 11월 7일과 1967년 10월 7일 사이에 남긴 11개월 동안의 『볼리비아 일기』를 바탕으로 제작되었다. 2013년 『볼리비아 일기』는 유네스코가 지정한 세계기록유

산으로 지정되었으며, 원본 육필 원고는 볼리비아 중앙은행 기록보관소(Archive of the Central Bank of Bolivia)에 소장되어 있다. 다큐멘터리를 통해 유엔에서 환하게 웃고 있는 체 게바라의 생전의 모습과 그의 대중연설은 물론, 피델 카스트로의 실제 연설을 보고 들을 수 있다. 이 작품에 삽입된 실제 영상은 2000년대에 제작되어 명작으로 평가되는 다큐멘터리물, 예를 들면 〈체 게바라, 흥망성쇠(Che: Rise And Fall, 2007)〉, 〈체 게바라: 1부 아르헨티나(Che: Part one, 2008)〉, 〈체 게바라: 2부 게릴라(Che: Part Two, 2008)〉와 〈체 게바라 : 뉴맨(Che. Un hombre nuevo, 2010)〉, 〈체볼루션(Chevolution, 2008)〉과 BBC와 히스토리 채널 등에서 제작한 영상물에 반복해 등장했다. 그중 〈체 게바라, 흥망성쇠〉는 아르헨티나의 탁월한 영화감독인 에두아르도 몬테스—브래들리 감독(1960~)의 작품으로 내셔널 지오그래픽 채널에서 첫 방영되어 많은 감동을 불러일으켰다. 이 다큐멘터리가 다른 영상물과 차별화되는 것은 체 게바라를 옆에서 지켜보고 너무나 잘 아는 인물들, 예를 들면 그의 절친이며 모터사이클 여행의 동반자였던 알베르토 그라나다와 시에라 마에스트라 산맥, 아프리카의 콩고, 라틴아메리카의 볼리비아 전선에서 그의 명령을 따르고 수행했던 부하들의 생생한 증언을 바탕으로 제작된 구전 다큐멘터리라는 점 때문이다. 이 다큐멘터리에서 감독이 빚어낸 혁명가 체 게바라의 영욕의 마지막 순간은 1997년 그의 유해가 사후 30년만에 발굴되어 산타클라라 영묘에 안치되는 순간이다. 이 장면에 이르면 관객들의 가슴은 실로 먹먹해진다. 이 다큐멘터리는 역사적 가치가 매우 높아 미국 내 50개 대학 도서관에서 학술 자료로 제공되고 있다.

우리나라에서도 개봉되어 뜨거운 반응을 일으켰던 2008년작 〈체 게바라: 1부 아르헨티나〉, 〈체 게바라: 2부 게릴라〉의 감독은 미국 영화감독 스티븐 소더버그(1963~)다. 체 게바라의 역할을 맡아 열연한 주연 배우는 푸에르토리코 국적의 베니시오 델 토로(1967~)다. 1부는 '아르헨티나'라는 제목으로 피델 카스트로를 비롯한 혁명 동지들과 혁명 계획을 세워 산타클라라 공략에 성공하고, 드디어 부패한 바티스타 정권을 무너뜨리는 쿠바 혁명에 관한 이야기로 풀어 나간다. 2부는 '게릴라'라는 제목으로 볼리비아 전선에 게릴라로 나서는 과정과 그의 처절한 투쟁 및 몰락 과정을 보여준다.

1부에서 감독은 피델 카스트로가 전개했던 7월 26일 운동에 대해 주요한 의미를 부여한다. 1부 앞부분에 체 게바라가 1955년 멕시코시티에서 열린 모임에서 피델 카스트로를 처음 만나며 7월 26일 운동의 일원이 되는 장면이 나온다. 7월 26일 운동의 명칭은 1953년 7월 26일에 실패한 쿠바의 몬카다 병영 습격 실패 사건에서 유래한다. 피델이 지휘했던 135명의 유격대원들은 바티스타 독재 정권의 붕괴를 목표로 몬카다 병영을 공격했으나 실패했다. 피델은 실패를 계기로 1955년 7월 26일 멕시코에서 7월 26일 운동 조직을 결성해 새로운 조직원을 모집하고 무장 봉기를 통해 바티스타 정권을 전복하기로 결의한다. 그 7월 26일 운동에 체 게바라가 동참했고, 쿠바 혁명은 곧 7월 26일 운동에 합류했던 82명의 무장 봉기 게릴라가 그란마를 타고 쿠바에 상륙한 끝에 마침내 승리하게 되었다는 내용을 풀어낸다.

2부에서는 체 게바라가 쿠바 정부에서 사라진 것에 대해 사람들이 의문을 표하자, 피델 카스트로가 그가 남긴 편지를 공개하는 것으로 시작한다. 체 게바라는 쿠바에서 모습을 감춘 후 1966년 11월 3일에 우루과이 출신의 미주 기구의 중년 대표로 변장하고 볼리비아에 도착했고, 다큐멘터리는 볼리비아에 머문 날짜별로 이야기가 전개된다. 전혀 예상하지 못한 계획의 실패와 배신, 좌절이 그려지며 관람객들의 마음을 산란하게 만든다. 당시 볼리비아 대통령이자 독재자인 르네 바리엔토스(1919~1969)의 악행이 낱낱이 화면에 잡히고, CIA의 협력을 받은 볼리비아 군의 포위가 시시각각으로 다가오면서 위기를 벗어나기 위한 체 게바라의 고민도 깊어진다. 340일째 되는 날 체 게바라는 총상을 입고 포로로 체포되어 1967년 10월 9일 총격을 통해 사살된 후 시신이 헬리콥터에 실려가는 장면까지를 보여주며 볼리비아 정부와 CIA의 불순했던 협력 관계를 고발한다.

2008년작 〈체볼루션〉은 멕시코 영화감독 루이스

로페즈(1974~)와 영국의 여류 영화감독인 트리샤 지프(1956~)가 공동 제작한 작품으로, 쿠바 사진기자인 알베르토 코르다가 찍은 사진이 대중문화의 아이콘으로 확대 재생산되는 과정을 추적한 다큐멘터리다. 다큐멘터리에서 그동안 알려지지 않았던 알베르토 코르다가 사진을 찍을 수 있었던 숨은 배경과 그가 찍은 사진이 확산되는 과정에 대한 뒷이야기가 밝혀져 흥미롭다. 또 감독들은 이미지의 확대 재생산 과정에서 공산주의와 자본주의, 이상주의와 기회주의, 자연주의와 소비주의가 뒤엉켜 어떤 결과를 낳게 되었는지를 추적한다. 체 게바라의 이미지가 대중 속에서 문신으로 소비되거나 예수 이미지와 합쳐지면서 자유와 인권이 존중되었고, 가난하고 힘없는 소외된 사람들에게 큰 위로와 힘이 되었음을 확인한다. 체 게바라는 생을 마쳤지만, 그의 이상과 꿈은 살아 움직이며 그를 추종하는 수많은 사람들에게 용기와 희망을 주고 있다는 메시지를 던진다. 아쉽게도 국내에서는 아직 개봉되지 않았다.

  우리나라에서 개봉된 체 게바라와 관련된 작품에

는 문성근 씨가 내레이션을 맡았던 2010년작 〈체 게바라: 뉴맨〉이 있다. 이 다큐멘터리는 아르헨티나의 영화감독이자 작가이며 2023년까지 아르헨티나 문화부 관광 장관이었던 트리스탄 바우어(1959~)의 역작이다. 각종 국제 영화제에서 수상한 경력을 가진 감독의 역량이 여실히 드러난 수작으로, 이 작품을 완성하는 데에만 장장 12년이 걸렸다. 혁명가 이전에 사랑하는 아내의 남편이며 소중한 네 명의 아이들의 아버지인 체 게바라의 모습을 조명하고 있으며, 에스파냐의 극작가인 부에로 바예호(1916~2000)와 칠레의 저항 시인인 파블로 네루다(1904~1973)의 작품을 아내에게 읽어주는 체 게바라의 육성을 직접 들을 수 있다. 그의 어린 시절을 보여주는 8밀리(㎜)의 짧은 영상은 매우 귀한 자료이며, 낭랑한 목소리로 연설하는 체 게바라의 실제 육성 또한 담겼다. 아르헨티나를 대표하는 최고의 역사적 인물의 인간적인 모습과 열정, 혁명에 대한 이상을 귀한 아카이브 자료를 활용해 관람객들에게 생생하게 전달한다. "우리의 꿈은 실현 가능하다"라는 그의 생생한 연설을 끝으로 막을 내리는 이 작품은 2010년 몬트리올 영화제 최우수 다큐멘터리상을 수상했다.

마지막으로 〈체 게바라의 손(The Hands of Che Guevara)〉이라는 다큐멘터리를 소개하고자 한다. 이 충격적인 다큐멘터리는 네덜란드 영화감독 피터 드 콕(1967~)의 데뷔 작품으로 2006년 개봉했다. 1967년 볼리비아에서 체 게바라가 사살당한 후, 신원 확인을 위해 잔인하게 양손이 그의 몸에서 잘려져 나가 쿠바로 보내졌다. 그의 사후 꼭 30년만인 1997년, 볼리비아 발레그란데의 활주로 아래에서 그의 시신이 발굴되었지만, 손은 없었고 손의 행방은 묘연했다. 이 다큐멘터리는 체 게바라의 손을 목격했던 사람들의 증언을 토대로 손의 행방을 추적하고, 그 과정에서 추악한 거짓 증언을 하는 인간 군상의 문제점을 폭로한다. 체 게바라의 시신을 둘러싼 불편한 이야기를 보면서 그의 험난하고 힘든 삶이 죽음 이후에도 이어지는 것 같아 씁쓸함이 감돈다.

700

언어

CHE GUEVARA

704 강연집, 수필집
체 게바라의 어록

프랑스를 대표하는 지성인이자 실존주의 철학자인 장 폴 사르트르(1905~1980)는 체 게바라를 가리켜 "우리 시대의 가장 완벽한 인간(être humain le plus complet de notre époque)"이라고 했다. 지금도 세계 혁명을 꿈꾸는 정치가, 투쟁가, 진보적 사상가들은 체 게바라를 생각하면 가슴이 떨린다고 말하며 그에 대한 무한한 존경심을 나타낸다. 그들은 체 게바라가 한 말을 기록하고 기억하며 그를 따라 실천적 삶을 살겠다는 다짐을 한다. 그렇다면 체 게바라가 남긴 어떤 말들이 그들의 가슴을 활활 타오르게 하는 불꽃이 되었을까? 체 게바라가 남긴 유명한 어록을 살펴보자.

> **"아르헨티나 땅에 발을 디뎠던 그 순간, 이 글을 쓴 사람은 사라지고 없는 셈이다. 이 글을 구성하며 다듬는 나는 더 이상 예전의 내가 아니다."**

체 게바라의 인생을 180도 바꿔놓은 결정적 계기는 의학도이던 그의 나이 23세 때 낡은 모터사이클을 타고 친구인 알베르토 그라나다와 함께한 중남미 여행이었다. 자유를 만끽하며 낡은 모터사이클을 타고 달리던 9개월 동안의 힘든 여정 동안 그는 눈을 새롭게 떴다. 자신과 같은 핏줄의 메스티소 동포들이 빈곤과 착취, 질병 등의 척박한 환경 속에서 인간으로서 누려야 할 인간다운 삶을 뒤로한 채 얼마나 비참한 생활을 하고 있는지를 직접 목도했다. 너무도 비참한 현실을 직접 눈으로 보며 그는 세상을 바꿔야겠다는 의지를 갖게 된다. 평범해 보이는 이 말 속에는 앞으로 그가 평범한 의대생의 삶 대신, 정의도 목소리도 없는 학대받는 사람들의 편에 서는 무장 투사의 삶을 살겠다는 굳은 의지가 담겨 있다.

"혁명은 더 이상 쫓아다니는 것이 아니라 파도를 일으키는 것이다."

평생을 함께한 혁명 동지인 피델 카스트로와 쿠바 혁명에 성공한 뒤 체 게바라가 남긴 말이다. 쿠바 혁명은 무에서 유를 창조한 찬란한 성과였다. 혁명을 일으킬 곳을 찾아다니는 시대는 지났으며, 혁명적 활동의 본질은 거센 파도처럼 일어나 민중을 헐벗고 굶주리게 하는 기층 세력을 몰아내는 것이라고 봤다. 그는 프롤레타리아에 의한 사회주의를 국제적으로 확산시켜야 한다고 주장했다.

"사람은 자신의 신념을 위해 목숨을 바칠 수 있는 사람이어야 한다."

1960년대 초반 그가 한 유명한 말이다. 혁명을 꿈꾸는 사람들이 체 게바라를 멘토로 삼고 존경해 마지않는 것은 그의 꺼지지 않고 타오르는 신념의 불꽃에 감화되어서다. 그를 따르는 사람들은 어떤 어려운 환경 속에서도 착취와 가난으로 고통받는 민중을 위해 초월적 용기를 갖고 목숨까지 바치겠다는 그의 혁명적 신념과 실천적 의지를 높이 평가한다.

"자유를 얻기 위해서는 단지 그것을 추구하는 것이 아니라 그것을 위해 싸워야 한다."

이 말은 그가 연설을 할 때마다 자주 했던 말이다. 자유는 원하기만 해서는 오지 않으며, 쟁취하고 투쟁하며 목숨을 바칠 때 비로소 획득된다는 그의 한결같은 신념을 명확하게 보여준다. 그는 모든 것을 진실의 관점에서 바라봤다. 착취만 당하는 대중이 빼앗긴 자유를 되찾는 것을 진실이라 믿었고, 이 목표를 위해 뼈를 깎는 고통을 이겨냈다. 그가 자유와 진실을 얼마나 중요하게 생각했는지는 다음 구절을 통해서도 잘 알 수 있다.

> "나를 이끄는 유일한 열정은 진실에 대한 것입니다. 나는 모든 것을 이 관점에서 바라봅니다."

"혁명은 대중이 진정으로 원하는 것이기 때문에, 혁명적 변화는 그들의 의지와 결합되어야 한다."

체 게바라는 혁명을 위해 싸우고 투쟁하는 현장 속에서도 민중을 교육하기 위해 많은 노력을 기울였다. 그가 생각하는 혁명이란 몇몇 사람들의 실천적 의지로 구현되는 것이 아니라, 대중들 스스로 혁명의 필요성을 자각하고 스스로 혁명의 대열에 동참할 때 이뤄지는 것이었다. 이 말은 쿠바 혁명이 성공하고 쿠바에 새로운 사회주의 정부를 수립하는 과정에서 대중의 자발적인 참여와 의지를 촉구하는 가운데 나왔다. 혁명에 대한 자유의지의 중요성을 강조하고, 몸을 바쳐 투쟁하는 것만이 원하는 결과를 얻을 수 있다는 그의 믿음은 아래와 같은 어록들을 통해서도 잘 드러난다.

> "혁명은 다 익어 저절로 떨어지는 사과가 아니다. 떨어뜨려야 하는 것이다."
> "나는 해방가가 아니다. '해방가'란 존재하지 않는다. 민중은 스스로를 해방시킨다."
> "무언가를 위해 목숨을 버릴 각오가 되어 있지 않는 한 그것이 삶의 목표라는 어떤 확신도 가질 수 없다."

"가장 중요한 것은 행동이다. 우리는 그 행동이 올바른 방향으로 나아가도록 해야 한다."

혁명가가 가장 경계해야 하는 것은 이론만 주장하는 것이다. 체 게바라는 혁명가란 직접 몸을 바쳐 혁명의 열기 속으로 뛰어들어야 함을 그 자신의 실천적 용기로 보여주었다. 또한 혁명의 방향에서 정의를 구현하는 것이 진실로 중요함을 강조했다. 수많은 혁명동지들이 희생된 가운데 마침내 이룩한 혁명이 방향을 잃어버리고 정의롭지 못한 쪽으로 나아가지 않도록 서릿발 같은 긴장과 실천 과정이 필요함을 역설하고 있다. 그는 실천하고 행동하는 것만이 인류의 진보를 앞당긴다고 생각했다. 이와 같은 그의 생각은 다음 명언에도 고스란히 담겨 있다.

"우리는 인류의 전진을 위해 무엇이든 해야 한다. 전진은 뒤로 물러서는 것이 아니라 앞으로 나아가는 것이다."

"진정한 혁명은 사랑이라는
위대한 감정으로 이끄는 것입니다."

체 게바라의 명언 중 가장 유명한 말이다. 이 말은 우루과이 몬테비데오에서 발행되는 주간지 《마르차(Marcha)》의 편집자에게 보낸 편지에 적혀 있었다. 그가 말하는 사랑이란 인류애이며, 인류애가 없는 사람은 진정한 혁명가가 될 수 없다고 했다. 혁명가는 열정적인 정신과 차가운 지성을 결합해 고통스러운 결정을 내리는 위대한 드라마를 쓰는 한편, 살아 있는 인간성인 사랑을 실제 실천적인 행동과 움직이는 힘으로 변형할 수 있도록 노력해야 한다고 주장했다. 인류애라는 사랑으로 프롤레타리아가 주인이 되는 사회주의 국가를 전 세계적으로 이룩해야 하며, 그것은 인민을 교육할 때 이뤄질 수 있다고 생각했다. 혁명가 앞에는 희생이 놓여 있으며, 그러한 희생을 통해 지평선에 보이는 모든 사람과 함께 전진할 수 있다고 믿었다. 그러면서 혁명의 길은 매우 멀고 험난하지만, 대중이 모두 함께 전진할 수 있도록 혁명가의 열정으로 노력해 나가야 함을 강조했다.

> "길은 길고 어려움으로 가득합니다. 때때로 우리는 길을 잃고 되돌아가야 합니다. 다른 때에는 너무 빨리 가서 대중과 분리됩니다. 때때로 우리는 너무 느리게 가서 우리 뒤를 밟는 사람들의 뜨거운 숨결을 느낍니다. 혁명가로서의 열정으로 우리는 가능한 한 빨리 전진해 길을 비우려고 노력합니다."

"나는 쿠바인, 아르헨티나인, 볼리비아인, 페루인, 에콰도르인 등이다."

체 게바라는 아르헨티나에서 출생했지만, 중남미 아메리카에서 살고 있는 메스티소에 대한 뜨거운 형제애를 갖고 있었다. 그가 혁명의 가시밭길에 나서게 된 것은 그의 가슴 속 깊이 흐르고 있는 핏줄의 부름에 응답한 것이었다. 그에게는 고통받는 형제들을 위해 어떤 어려움도 극복해 내겠다는 열정과 정의가 가슴 속 깊이 살아 숨 쉬고 있었다. 체 게바라는 형제들을 진정으로 사랑했기에 그들의 처참한 현실을 직시하자마자, 모두가 평등하게 대우받는 세상을 위해 혁명에 뛰어들었고 죽음을 결코 두려워하지 않았다. 그가 혁명의 들판에 나서며 내지른 일갈들은 어떤 위협과 핍박도 형제들을 살기 좋은 세상에 살게 하겠다는 그의 의지를 꺾을 수 없음을 보여준다. 죽음을 두려워하지 않는 용기와 불굴의 의지가 체 게바라를 역사 속에 살아 숨 쉬는 혁명의 아이콘으로 만들었다는 것을 아래의 명언들을 통해 확인할 수 있다.

> "다른 누군가가 내 총을 집어 들고 쏘기를 계속한다면, 나는 죽어도 좋다."
> "승리를 쟁취하는 날까지 영원한 전진!"
> "조국이 아니면 죽음을!"
> "죽음이 우리를 놀라게 할 때마다 우리의 함성을

들어주는 귀가 하나라도 있다면, 그리고 우리의 팔을 들어주려고 뻗치는 또 다른 손이 있다면 죽음을 환영할 것입니다."

800

문학

800 문학 일반
체 게바라가 사랑한 문학작품들

책을 즐길 수 있었던 가정환경

어릴 적 체 게바라 집에 소장된 도서는 3,000여 권에 달했다. 체 게바라는 다독가로 전 세계의 저명한 작가, 저술가, 철학자, 혁명가의 책을 읽으며 성장했다. 그의 부모, 특히 프랑스 성심학교에서 교육을 받은 어머니 셀리아는 그녀의 자녀들이 책 속에서 성장할 수 있도록 독서 환경을 조성하고, 구할 수 있는 책들을 성심성의껏 준비해 보이는 곳마다 책들이 들어차게 했다. 이러한 그녀의 정성으로 셀리아 집 아이들은 독서를 즐기고, 시간이 날 때마다 편한 마음으로 책을 읽을 수 있었다. 특히 장남 체 게바라는 천식이 심했기 때문에 부모 마음에서는 그가 아무리 운동을 좋아한다 해도 그보다는 정적인 독서를 하는 것을 원했다.

이러한 분위기에서 체 게바라의 깊이 있는 독서 습관이 자연스럽게 형성되었다. 그가 논리정연하고 설득력 있게 연설을 잘하는 것도, 자신의 실제 게릴라전 경험을 바탕으로 『게릴라전』을 저술하거나 사랑하는 아내에게 시와 편지를 잘 보내는 것도, 또 하루의 일과를 마치면 그날을 돌아보는 일기를 써 내려간 것도 모두 생활 속에서 차곡차곡 쌓인 독서의 힘이라고 할 수 있다.

그뿐인가? 어떤 토론에서도 뒤로 물러서지 않고 자신의 논리를 매몰차게 주장하며 목소리를 높여 개혁의 길로 동료들을 이끌어 간 것 역시 많이 읽고 깊은 사색에 잠기는 다독의 결과물이었다. 수많은 작가의 작품을 읽다가 말 그대로 유창성과 창의력, 문장력이 생겨나고, 이를 바탕으로 심지어 그 어려운 철학 사전까지 집필한 사람이 체 게바라였다.

모험심을 자극하는
흥미진진한 소설

그렇다면 그가 즐겨 읽은 책들은 어떤 종류의 책이었을까? 체 게바라가 혁명가와 게릴라의 길을 갈 수 있었던 것은 그가 모험심이 매우 강했기 때문이다. 그는 모험을 좋아하기 때문에 가슴 졸이는 모험과 관련된 서적들을 탐독했다.

먼저 이탈리아의 공상모험 소설 작가인 에밀리오 살가리(1862~1911)가 1900년에 출간해 서구 세계에서 밀리언 셀러로 판매되었던 『산도칸』 시리즈가 있다. '산도칸'이란 '몸프라쳄의 호랑이'라는 이름을 가진 해적단의 영웅이었다. '몸프라쳄의 호랑이'는 영국과 네덜란드의 제국주의에 저항해 투쟁하는 해적단으로, 살가리가 창안해 낸 가공의 무리이면서 동시에 『산도칸』 시리즈의 첫 작품 이름이다. 그 해적단 중에서도 '불굴의 말레이시아 호랑이'라는 별명을 가진 산도칸의 활약은 읽는 이의 가슴을 통쾌하게 해주었고, 손에 땀을 쥐게 하는 긴장과 모험심을 불어넣었다.

산도칸은 해적단의 중심으로 말레이시아 사람들을 지배하고 착취하는 영국과 네덜란드를 향해 의적이 되어 복수의 칼날을 휘두른다. 『산도칸』 시리즈는 십수 권으로 이어지는데, 책마다 박진감 넘치는 모험담과 흥미로운 에피소드가 독자를 사로잡는다. 이 책을 읽으며 소년 체 게바라도 열정과 용기, 의리와 이상, 충성심 가득한 산도칸 같은 인물이 되고 싶었을 것이다.

그런데 흥미로운 것은 작가 살가리가 탄생시킨 산도칸의 모습이 앞으로 혁명가가 되는 체 게바라의 모습과 무척 닮았다는 점이다. 산도칸은 힘이 강한 전사이면서 누구도 따라가지 못하는 용기를 가졌으며, 피눈물 뽑게 무자비하면서도 친구들에게는 따뜻하고 친절하며 마음을 다하는 관대한 모습을 보여준다. 또 그는 부하들에게 절대적인 신뢰를 받는 뛰어난 지도력을 갖춘 인물로 그려진다. 체 게바라가 성장해 쿠바 혁명을 달성한 후 마르크스주의자로서 독재 권력과 손을 잡은 부패한 자들을 무자비하게 처벌하고 급진적인 개혁을 강행한 반면, 어머니와 아내, 가족들, 그리고 민중에게 늘 따뜻했던 바로 그 모습이 산도칸과 너무도 닮았다.

『산도칸』 시리즈 외에도 체 게바라는 프랑스의 과학소설가 쥘 베른(1828~1905)의 소설을 흥미진진하게 읽으며 좋아했다. 국내에서 많이 읽히는 『80일간의 세계 일주』, 『기구를 타고 5주일』, 『지구 속 여행』, 『지구에서 달까지』, 『해저 2만리』 등의 책을 흥미롭게 읽었다. 심지어 어른이 된 다음 쿠바에서 생활할 때도 가족에게 편지를 보내 집에 있는 가죽으로 제본된 쥘 베른의 전집 3권을 보내달라고 요청할 정도였다. 쥘 베른의 과학소설에 나오는 주인공들은 엉뚱한 일을 기획하고 갖은 어려움을 겪지만, 지혜를 발휘해 어려움을 무사히 극복하고 해피 엔딩을 맞는다. 어린 체 게바라는 그런 이야기 전개가 무척 마음에 들었다. 그는 또 이런 책을 읽을 때마다 과학도가 되려면 끊임없는 공부와 지식을 쌓는 노력이 필요하다는 깨달음도 얻게 되었다.

실존주의

성년으로 성장하면서 체 게바라는 철학과 시, 에스파냐와 라틴아메리카의 사회문학과 역사서에 관심을 갖게 되었고, 마르크스주의자가 되면서 이와 관련한 사회과학 도서를 열심히 읽었다. 그는 늘 깨어 있었고, 공부하는 지성인이었다. 그가 읽은 책의 저변은 매우 넓고 깊어서 그 스스로 문화 비평자가 되어 저작물을 비평하거나 해설을 달았고, 결국은 자신의 논리와 주장을 담은 저서를 집필했다. 그의 나이가 고작 17세이던 1945년, 체 게바라는 철학 사전을 집필하기 시작했다.

그가 관심을 가졌던 철학은 실존주의였다. 실존주의란 주체적 존재로서의 실존의 본질과 그 구조를 밝히려는 철학적 사조다. 20세기 전반에 일어난 실존주의는 19세기를 지배했던 합리주의적 관념론과 실증주의 사상을 비판했다. 우리 귀에 낯익게 들리는 현대의 철학자들, 쇠렌 키에르케고르(1813~1855), 카를 야스퍼스(1883~1869), 마르틴 하이데거(1889~1976), 장

폴 사르트르(1905~1980) 등이 대표적인 실존주의 철학자들이다.

실존주의는 문화적 사조로서 문학에서도 나타났다. 실존주의 문학의 선구자는 오스트리아·헝가리 제국의 유대계 작가인 프란츠 카프카(1883~1924)다. 체 게바라도 『변신』, 『유형지에서』 등의 작품을 읽으며 현대인이 갖는 실존적 위기와 부조리의 문제점을 깨달았다. 실존주의 문학을 파고든 체 게바라는 『이방인』과 『시지프스의 신화』 등을 써 사회의 부조리를 폭로하고 비판했던 알베르 카뮈(1913~1960)의 작품들이나 사르트르의 『구토』, 희곡 〈파리떼〉, 장편 『자유의 길』 등의 작품 하나하나를 정독하며 그들의 실존주의 사상에 공감했다. 사르트르가 말한 "신은 존재하지 않으며 인간에게는 실존이 본질에 선행하는 것이다"라는 주장을 타당한 내용이라고 받아들였다. 또 개인은 완전히 자유로운 입장에서 스스로 인간의 존재 방식을 선택하도록 운명지어져 있다는 주장에도 공감하며 자신도 자신의 운명을 스스로 선택하고 결정할 것이라고 다짐했다.

체 게바라와 사르트르는 사회적 모순과 불의에 항거했던 '행동하는 지식인'이라는 공통점이 있다. 좌파 지식인이었던 사르트르는 후에는 소련의 체코슬로바키아의 '프라하의 봄'을 무력으로 짓밟은 소련에 대한 비판으로 현실 공산주의에 등을 돌리기도 했지만, 그의 저서 『공산주의와 평화』에서는 공산주의를 '평화의 기수'라고 썼던 사람이기도 하다. 마르크스주의자를 자처했던 체 게바라는 쿠바 혁명 이후 사르트르가 1960년 계약 결혼한 연인이자 동지인 시몬 드 보부아르(1908~1986)와 함께 아바나를 방문했을 때 사르트르를 실제 만날 수 있었다(그림 7 참조). 체 게바라는 사르트르의 실존주의 철학자로서의 뛰어난 저술과 제2차 세계대전 당시의 레지스탕스로 활동하는 등 불의와 절대 타협하지 않는 '행동하는 양심'으로서의 지식인 모습에 존경을 표했다. 사르트르도 앞에서 언급한 바 있듯이 체 게바라에 대해 "우리 시대의 가장 완벽한 인간"이라고 칭했다.

그림 7. 사르트르와 보부아르를 만난 체 게바라

『돈키호테』와 라틴 사회문학

체 게바라는 자신도 지성과 양심을 갖춘 실천적 지식인이 되기를 희망했다. 그는 스스로 자신을 현실에 맞지 않는 이상주의자라고 생각했다. 남들이 불가능할 것이라고 말해도 그의 굳은 신념과 불같은 추진력으로 가능하게 만들었기 때문이다. 그래서 특히 에스파냐 문학작품 중에서 17세기에 나온 작가 세르반테스(1547~1616)의 『돈키호테』를 즐겨 읽었다. 돈키호테의 이상주의적 열망이 체 게바라에게는 힘이 되었다. 체 게바라 기념관이나 박물관에서 쉽게 찾아볼 수 있는 것이 『돈키호테』 책이다. 그만큼 체 게바라는 『돈키호테』를 유독 사랑했다.

체 게바라는 라틴 사회문학에 관심을 갖고 있었다. 1957년 한 표 차이로 카뮈에게 노벨 문학상을 넘겨주었지만 명작으로 이름이 높은 니코스 카잔차키스(1883~1957)의 『그리스인 조르바』를 읽고 자신이 원하는 대로 자유롭게 행동하는 자유인 조르바에 감화되었고, 진정한 자유의지의 소중함을 깨달았다. 또 에콰도르의 소설가이며 극작가로 에콰도르 원주민 서사에 뛰어난 호르헤 이카자(1906~1978)가 쓴 소설들을 즐겨 읽었다. 이 작품들은 주로 원주민에 대한 지배층의 착취를 고발하는 내용이었다. 이와 함께 라틴아메리카 문학에서 빼놓을 수 없는 노벨 문학상 수상자이자 마술적 사실주의에 의한 수작으로 이름 높은 과테말라 소설가 미겔 앙헬 아스투리아스(1899~1974) 작품 속에서 라틴아메리카 사회의 모순의 고리를 찾기도 했다.

사회혁명의 밑거름이 된 독서

의학도의 길을 걸어갔던 체 게바라는 오스트리아의 정신분석학 창시자 지크문트 프로이트(1856~1939)의 『꿈의 해석』, 『일상생활의 정신 병리학』을 비롯한 책들도 탐독했다. 쿠바 혁명이 성공한 후에 그가 직접 심리학 프로그램을 개발한 것은 이때 읽은 책들의 영향이라고 할 수 있다. 지식이 깊어질수록 그의 글쓰기 작업도 심오해졌다. 그는 스스로 마르크스주의자로 자처했고, 그에게 가장 많은 영향을 준 카를 마르크스(1818~1883)가 쓴 『자본론』을 통해 자신의 사회적 불평등에 대한 이해와 자본주의 체제에 대한 비판을 심화했고, 그의 혁명적 목표와 이념을 확고하게 정립했다. 늘 손에서 책을 놓지 않았던 그는 블라디미르 레닌(1870~1924), 레온 트로츠키(1879~1940), 이오시프 스탈린(1879~1953), 마오쩌둥(1893~1976)의 저작물을 두루 탐독했고, 자신만의 공산주의 이론과 담론을 완성했다.

1965년 체 게바라는 게릴라 전사들을 이끌고 콩고로 가서 아프리카 해방 운동을 지원했지만 실패했다. 낙담한 마음으로 프라하에 잠시 머무르는 동안 자신이 읽었던 저작물을 다시 통독하고 주석을 붙이면서 체계적인 사회주의 이론서를 저술했다. 그는 세계의 프롤레타리아 혁명을 위해 국제적 연대가 중요하다는 신념을 갖고 있었고, 게릴라전을 통한 무장 봉기를 일으켜 세계 곳곳에서 사회주의 혁명이 달성되기를 원했다. 연설문에서 밝힌 바 있듯이 모든 대륙에서 베트남 전쟁과 같은 사회주의 혁명을 달성하기 위한 전쟁이 여러 번 일어나야 한다는 주장을 펼쳤다.

체 게바라는 인도 독립운동을 전개하면서 무장 봉기를 이끌다가 투옥되어 감옥에서 영향력 있는 저작물을 집필했던 자와할랄 네루(1889~1964)의 사상에 깊은 관심을 가졌다. 스스로 네루가 쓴 『인도의 발견』에 해박한 주석을 달아 주변 사람들에게 읽기를 권했다.

죽을 때까지 함께한 시

체 게바라는 시를 좋아했고, 그 자신이 감정이 넘쳐흐르는 50행에서 100행에 이르는 장편시를 서슴없이 지었던 시인이었다. 그가 19세 때 지은 시의 한 구절을 함께 읽어보자.

> 알아요! 알아요!
> 내가 여기서 나가면 강물이 나를 삼키겠지…
> 나는 나가지 않을 것이네.
> 내가 죽어야 한다면 이 동굴에서 죽을 것이네…
> 총알, 내 운명이 익사에 죽는 것이라면
> 총알이 내게 무엇을 할 수 있을까?…
> 나는 내 운명을 이겨낼 것이네.
> 운명은 의지로 이겨낼 수 있다네…
> 내 이름보다 더 오래가는 기억은
> 싸우고, 싸우다가 죽는 것이지.
>
> ― 에르네스토 게바라, *1947*

시에서 푸릇푸릇한 젊은 혈기와 결코 운명에 순응하지 않겠다는 굳센 의지가 엿보인다. 이 시는 그가 총에 맞아 생을 마감하기 꼭 20년 전에 마치 자신의 운명을 예견한 듯 지은 작품이다.

그는 어릴 때부터 시를 즐겨 읽었다. 소년 시절, 그가 즐겨 읽었던 시인으로는 프랑스의 시인 샤를 보들레르(1821~1867)가 있다. 보들레르는 19세기에 살면서 20세기 시인 같은 상징주의 기법과 탐미적인 시를 창작했던 시인이다. 미국의 문호 에드거 앨런 포(1809~1849)의 작품을 프랑스어로 번역하기도 했던 보들레르는 평탄하지 않은 부모의 결혼 생활로 인해 신분에 대한 열등의식을 갖고 있었다. 평화, 행복, 웃음, 낭만은 그와 거리가 멀었다. 그는 의붓아버지가 강요하는 안정적인 틀을 거부하고 증오를 가슴에 품은 채 의도적으로 방탕한 삶을 살았다.

부족할 것 없이 평온하고 웃음이 끊이지 않는 가정에서 성장한 체 게바라는 시대와 타협하지 않는 시대의 반항아 보들레르가 쓴 시가 좋았다. 19세기의 시인이면서 20세기 사람들의 삶과 통하는 그의 삐딱

함, 타락과 악덕, 방종을 통해 자유로움을 추구하는 그의 모습이 마음에 들었다. 무신론자였던 체 게바라는 정체된 가톨릭 사회에서 신앙을 강요받지 않고 자유롭게 신을 언급한 그의 격렬함과 자유분방함에 지지를 보냈다. 아마도 보들레르의 시집 『악의 꽃』을 감상하며 시인이 쓴 시적 상징에 감탄하고, 자신의 시를 지키기 위해 제도권의 법정에서 법적 다툼까지 벌인 보들레르의 용기에 박수를 보내는 마음이었을 것이다(결국은 외설과 공중도덕 모독으로 벌금형을 받았고, 6점의 작품에 대한 출판 금지 유죄 판결을 받았다).

체 게바라는 스스로 시를 쓰기도 했지만, 그가 좋아하는 시인들의 시를 읽는 일을 즐겼다. 과테말라에서 알게 되어 그의 첫 번째 아내가 된 페루의 좌파 경제학자인 힐다 가데아(1921~1974)와는 그가 좋아하는 시인들, 예를 들면 러디어드 키플링(1865~1936)이나 우루과이 페미니스트 시인 후아나 데 이바르부루(1892~1979)의 시를 함께 읽고 감상을 나눴다. 아이러니한 것은 체 게바라가 포스트모더니즘 시인으로 예찬했던 그녀의 시 중 가장 유명한 시가 〈무화과나무

(La Higuera)〉인데, 그가 사살당해 최후를 맞은 마을의 이름 또한 그와 같아서 안타까움을 불러일으켰다. 한편 그가 눈을 감는 순간까지도 사랑했던 두 번째 아내이자 쿠바 혁명 동지이기도 한 알레이다 마치를 위해 남긴 시 낭송 테이프에 대해서는 앞에서 언급한 네루다의 시집 『스무 편의 사랑의 시와 한 편의 절망의 노래』 등이 담겨 있었다.

시를 정말 좋아했던 체 게바라는 열악한 투쟁 환경 속에서 온몸이 부상으로 만신창이가 되었어도 목숨이 끊어질 때까지 자신이 좋아하는 시를 애송하고 필사해 갖고 다녔다. 정글의 캄캄한 어둠 속에서 어느 때는 달빛의 기운을 빌어 시를 필사하고, 빗발같이 날아오는 총탄 속에서 삶이 마감될 수 있는 절박한 상황인데도 그날의 전투가 끝나면 또 시를 필사했다. 어떻게 이런 사실을 알 수 있을까?

그가 사살당한 후 남겨진 녹색 배낭에서는 전투에 필요했던 지도와 무전기, 12통의 필름통 외에 이후 『볼리비아 일기』로 출간된 두 권의 일기장과 69편의 시가 담긴 낡은 녹색 스프링 노트가 있었다. 그

노트를 열자 낯익은 그의 필체로 펜을 꾹꾹 눌러 적은 파블로 네루다, 세사르 바예호(1892~1938), 니콜라스 기옌(1902~1989), 레온 펠리페(1884~1968)의 시들이 그 모습을 드러냈다. 이들은 라틴아메리카와 에스파냐에서 사랑받는 민중 시인들로 파블로 네루다는 칠레, 세사르 바예호는 페루, 니콜라스 기옌은 쿠바의 시인이고, 레오 펠리페는 반파시스트 운동을 펼치다 멕시코로 망명한 에스파냐의 시인이다. 69편의 시들은 2009년 국내에서 구광렬 교수의 번역으로 『체 게바라의 홀쭉한 배낭』으로 출간되어 많은 사람들에게 깊은 감동을 주었다. 구광렬 교수는 그 책에서 노트 표지의 아랍어 글씨를 토대로 필사는 콩고 게릴라전에 참여했을 때부터 이어진 것으로 추정했다.

　체 게바라는 우리 곁을 떠났지만, 그가 남겨준 시는 메아리가 되어 아직 우리 곁을 맴돈다. 그가 좋아했던 튀르키예의 혁명 시인 나짐 히크메트(1902~1963)의 시구절, "단 하나의 미완성 서사시의 슬픔을 무덤으로 가져갈 뿐"이라는 구절이 이 글을 읽는 이들의 귓가에 울려 퍼진다.

체 게바라

900

역사

CHE GUEVARA

900 역사 일반
체 게바라가 세계사에서 갖는 의미

국제사회의 찬사와 뜨거운 추모

체 게바라는 세계 혁명사에 혁혁한 업적을 세운 인물이다. 세계 각계의 역사적 인물들이 그의 혁명가로서의 영웅성에 대해 뜨거운 존경심을 표하는 메시지를 헌정했다.

1967년 10월 15일, 피델 카스트로는 볼리비아에서 쿠바로 보내진 체 게바라의 절단된 손의 지문을 확인한 후 그의 사망을 공식적으로 인정하고 쿠바 전역에 국장을 선포했다. 체 게바라와 카스트로는 단순한 혁명 동지 이상의 개인적 우정을 공유했다. 두 사람은 서로를 존중했고, 카스트로는 체 게바라의 개인적 신념과 열정을 높이 평가하며 지지를 아끼지 않았다. 그런 그였기에 참담한 마음으로 추모사를 통해 체 게바라의 영웅성에 대해 다음과 같이 경의를 표했다.

> "…우리가 미래 세대의 사람들이 되기를 바라는 바를 표현하고자 한다면, 우리는 이렇게 말해야 합니다. '그들이 체와 같아지기를 바랍니다!' 우리가 우리 아이들이 어떤 교육을 받기를 바라는지 말하고자 한다면, 우리는 주저 없이 이렇게 말해야 합니다. '우리는 그들이 체 정신으로 교육받기를 바랍니다!' 우리가 우리 시대가 아니라 미래에 속한 사람의 모범을 원한다면, 나는 마음 깊은 곳에서 그런 모범, 행동에 얼룩 하나 없는 사람이 체라고 말할 것입니다!"

그림 8. 쿠바 혁명의 주역들이자 평생 동지였던
체 게바라와 피델 카스트로

체 게바라가 숨을 거뒀을 때, 그의 나이는 고작 39세였다. 비록 그는 서른아홉 해를 살았지만, 그의 찬란한 용기와 희생정신, 영웅성에 대한 찬탄과 찬사는 그가 눈을 감은 후 거의 60년이 지난 오늘날까지도 계속되고 있다.

역사에 이름을 남긴 저명한 인권 운동가, 민주 투사, 철학자, 저널리스트들이 입을 모아 그의 투쟁적인 삶을 돌아보고 찬미하는 말을 남겼다. 남아프리카공화국에서 오랫동안 투쟁을 전개한 인권 운동가이자 흑인 출신의 최초의 남아프리카공화국 대통령인 넬슨 만델라(1918~2013)는 1991년 쿠바를 방문했을 때 다음과 같은 추도사를 남겼다.

> "우리는 또한 위대한 체 게바라를 존경합니다. 그의 혁명적 공적은 우리 대륙을 포함해 어떤 감옥의 간수도 우리에게서 숨길 수 없을 만큼 강력했습니다. 체 게바라의 삶은 자유를 소중히 여기는 모든 인간에게 영감을 줍니다. 우리는 항상 그의 기억을 존중할 것입니다."

미얀마의 민주 투사이자 노벨 평화상 수상자인 아웅 산 수 치도 다음과 같이 체 게바라에 대한 찬사를 보냈다.

> "1960년 여름 쿠바를 3개월간 방문한 이래로 쿠바 혁명은 저에게 소중한 것이 되었고, 체 게바라는 피델과 함께 영웅이자 소중한 모범이 되었습니다.…'모든 혁명가의 의무는 혁명을 일으키는 것이다.' 동의합니다.…체 게바라의 매력, 그의 삶의 영웅주의, 그의 죽음의 비애가 젊은이들이 미국 제국주의의 생활 방식에서 벗어나는 것을 강화하고 혁명적 의식의 발전을 촉진하는 데 유용하다면, 더 좋을 것입니다."

그가 생을 마친 지 35년이 지난 2002년, 영국을 대표하는 대표적 언론인 BBC는 체 게바라에 대한 다음과 같은 기사를 내보냈다.

"체 게바라 — 쿠바 혁명의 영웅, 좌익의 상징이자 역사상 가장 많은 포스터를 판매한 인물. 낭만적인 자유의 투사, 게릴라전 전문가, 자신의 대의를 위해 젊은 나이에 죽은 사려 깊은 철학자로 기억되는 게바라는 항상 혁명가들의 혁명가였다. 세련되고 극렬하게 반미적이며, 레닌, 트로츠키, 스탈린보다 훨씬 잘생겼으며, 1960년대와 1970년대에 수천 명이 채택한 수염을 기르고 베레모를 쓴 좌익 급진주의자의 이미지를 사실상 발명했다."

미국을 대표하는 시사 주간지 《타임》도 영향력 있는 인물로서 체 게바라의 영웅성을 널리 알렸다. 1960년 8월 8일 자 《타임》 표지에 체 게바라 사진이 등장했고, 그를 '카스트로의 두뇌'로 소개했다. 그뿐만 아니라 《타임》은 밀레니엄을 맞기 한 해 전인 1999년 6월 14일, '20세기 가장 영향력 있는 100인'을 선정하면서 '영웅과 아이콘(HEROES & ICONS)' 분야에 체 게바라를 넣었다.

전 세계 사회혁명에 지침이 된 체 게바라의 이론과 실천

체 게바라의 굳은 신념과 혁명 활동은 미국의 경제적 침탈 아래에서 핍박받던 라틴아메리카 역사의 향방을 바꾸며 많은 이들에게 혁명적 영감을 주었다. 그는 게릴라전은 압제자에 대한 민중 전체의 전쟁이라고 했다. 고작 수백 명으로 몇천 명 이상의 군인들의 비호를 받고 있던 독재 정권을 무너뜨림으로써 그의 게릴라 전술에 의한 혁명적 방법론은 세계 각지에서 일어난, 또 일어나고 있는 혁명 운동의 모델이 되었다. 체 게바라가 쿠바 혁명 정부의 고위 각료를 맡아 진행했던 각종 혁신적인 개혁들은 그의 혁명이 단순히 정치적 혁명에 그치는 것이 아니라, 모순이 심화되고 있던 사회적·경제적 구조의 근본적 변화와 누구나 평등한 정의로운 사회를 구현하기 위한 혁명이었음을 보여주었다.

체 게바라는 모터사이클을 타고 라틴아메리카를 여행하면서 풍요롭던 라틴아메리카가 미국 등 제국주의의 경제적 수탈과 정치적 간섭으로 어떤 고통을 받고 신음하게 되었는지를 직접 눈으로 보고 제국주의를 정면으로 비판하는 반제국주의 운동에 앞장섰다. 그는 제국주의적 착취와 불평등에 맞서 싸웠고, 쿠바 혁명이 성공한 이후에는 반제국주의의 전도사이자 외교관으로서 유엔을 비롯한 세계 각국을 방문하며 미국이 저지른 제국주의의 폐해를 폭로하고 비판했다. 마르크스주의자로서 미국 제국주의와 자본주의 체제의 문제점을 심층 분석하고, 이를 극복하기 위한 혁명적 방안을 담은 실천적 이론을 적극 제시했다. 국제적으로 프롤레타리아 혁명을 널리 전파하고, 게릴라전에 의해 군사 독재와 착취에 눈이 먼 지배 세력을 무너뜨리는 것을 그의 사명으로 삼았다.

이러한 그의 혁명적 사상과 실천 의지는 세계의 반제국주의 운동과 독립운동에 큰 영향을 미쳤다. 쿠바 혁명의 주역이자 혁명 정부의 가장 중요한 경제개혁의 구심점이었던 그는 혁명이 성공한 사회에서 사회적 불평등의 문제점을 해결하고, 사회주의 이념과 사상에 의한 평등한 사회를 구현하기 위해 많은 노력을 기울였다. 이러한 그의 사회개혁에 대한 의지와 노력은 이분법적으로 나뉘어 이념 전쟁을 전개하던 당시 냉전 시대에 미국의 제국주의에 반대하는 반미 투쟁의 디딤돌이 되었다. 체 게바라 스스로 제3세계의 민족 해방 운동의 필요성을 역설하면서 투쟁에 앞장섰기에 그가 걸어간 길은 제3세계를 비롯한 국제사회에 사회주의와 공산주의 이념을 확산하고 그 영향력을 확대하는 데 중요한 역할을 했다. 체 게바라의 사후에도 그는 제3세계에서 사회주의와 반제국주의 혁명의 상징으로 추앙받았고, 그의 이미지는 전 세계의 혁명적 저항 운동의 지표가 되면서 세계사의 주요 흐름 중 하나로 자리 잡았다

젊은이들의 문화적 아이콘이 된 체 게바라

체 게바라는 실천적 혁명가, 닮고 싶은 사상가, 행동하는 지식인을 넘어, 젊은 세대에게 큰 영향을 준

'혁명의 아이콘'이자 대중문화와 예술의 강력한 상징으로 이름을 높였다. 체 게바라가 숨을 거둔 다음 해인 1968년, 프랑스 파리 낭테르 대학교 학생들을 중심으로 정부의 권위주의적인 체제에 저항하는 68 운동이 일어나 유럽 전역으로 퍼져 나갔다. 또 미국에서는 버클리대학교 학생들이 촉발한 베트남 전쟁 반대 운동이 일어나 전국에서 반전 운동이 거센 물결을 이뤘다. 동시대에 흑인들은 마틴 루서 킹 목사를 중심으로 흑인 인종 차별에 항의하는 민권 운동을 전개했다. 1960년대에 이러한 운동들이 활발하게 일어난 것은 체 게바라가 보여준 불평등과 억압에 맞서 투쟁한 혁명적 리더로서의 상징성이 젊은 세대에게 큰 영향을 미쳤기 때문이었다. 학생들은 체 게바라 사진을 새긴 티셔츠를 입고 그의 용기와 저항 정신을 본받아 사회적 변화를 이끌어 내기 위한 실천적 운동에 적극적으로 참여했다.

체 게바라의 이미지와 사상은 영화, 음악, 문학, 미술 등 다양한 예술 매체에서 새로운 창의적인 작품으로 완성되어 대중의 눈길을 사로잡았고 대중문화에도 지대한 영향을 미쳤다. 기자가 찍은 체 게바라의 사진을 짐 피츠패트릭이 새롭게 포스터로 창안한 후 이미지가 널리 퍼져 나가기를 바라는 마음에서 저작권을 스스로 포기함으로써, 체 게바라의 이미지는 혁명적 정신과 이상을 상징하는 얼굴로, 전 세계 젊은이들의 문화적 아이콘으로 자리 잡았다. 아르헨티나를 대표하는 축구 선수 마라도나가 자신의 몸에 체 게바라의 얼굴을 문신으로 그려넣은 것이 그러한 사례 중 하나라고 볼 수 있다. 그의 혁명 정신과 실천적 자기희생, 죽음을 두려워하지 않는 불꽃 같은 투지는 대중문화에서 지속적으로 재조명되고 있고, 인류가 보존해야 할 가치 있는 문화유산으로 보존되고 있다.

체 게바라의 영향력 평가

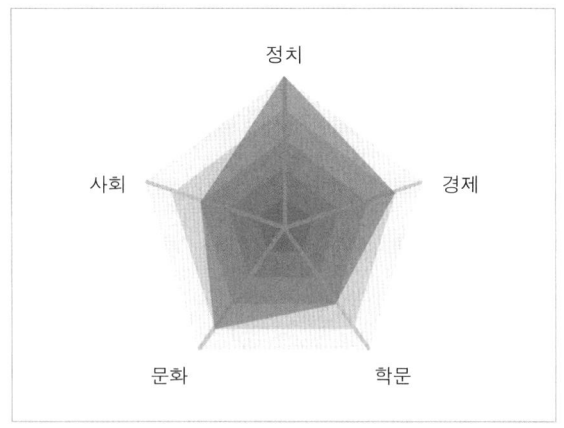

정치 (5점)

체게바라는 쿠바 혁명의 중심 인물로서 혁명을 성공으로 이끌어 직접 최고 권력 기구에서 활동했다. 동시에 반제국주의와 혁명의 국제적 연대를 위해 여러 지역에서 게릴라전에 참여했으므로, 혁명가로서의 정치적 영향력이 매우 크다고 평가된다. 이러한 높은 평가에는 쿠바 정부 고위직에 오른 뒤에도 혁명 이념을 실천에 옮기려 했다는 점이 크게 작용한다.

경제 (4점)
쿠바 혁명 후 농지개혁과 기계화 등을 통해 사회 전반의 생산력을 높이려는 노력을 기울였다. 라틴아메리카 민중의 삶을 개선하고자 했다는 부분이 주목받았으나, 장기적인 경제 발전 모델을 체계적으로 구축하지 못해 일부 한계를 드러냈다. 그럼에도 사회주의 혁명가로서의 진보적 시도가 긍정적인 평가는 받아 높은 점수가 매겨졌다.

사회 (3점)
혁명가가 되기 전부터 의사로서 헌신적으로 활동했다는 점과, 혁명 성공 이후 무료 의료 시스템을 구축한 것은 긍정적인 공헌으로 꼽힌다. 하지만 정치적·군사적 활동에 더 치중하면서 사회 정책 전반을 오랜 기간 주도하거나 직접 실행하기에는 한계가 있었기에, 정치·경제 분야에 비해 점수가 다소 낮게 책정되었다.

문화 (4점)
체게바라는 전 세계에 걸쳐 혁명의 아이콘으로 자리 잡아 수많은 젊은 세대에게 사상적·상징적 영향을 끼쳤다. 그가 남긴 사진과 글, 그리고 여러 혁명운동 사례는 문화적으로 큰 울림을 주었다. 다만 문화 예술 분야에서 직접적인 활동을 한 것은 아니므로 절대적으로는 최고 점수로 이어지지 못했다는 평이 반영되었다.

학문 (3점)
게릴라전 관련 저술과 연설, 편지 등을 통해 뛰어난 필력과 지식을 드러냈으며, 대학 강단에서 강의할 만큼 논리가 정연했다. 특히 체 게바라가 쓴 『맑스와 엥겔스』는 저명한 역작으로 평가받는다. 다만 학문적 체계 수립에는 한계가 있어 전반적 영향력은 상대적으로 낮게 평가된다.

사서의 북 큐레이션

『체 게바라 평전』

장 코르미에 지음, 김미선 옮김, 실천문학사, 2000

체 게바라 전문가로 알려진 장 코르미에는 체 게바라의 아버지 등 그와 관련을 맺었던 모든 사람들과 인터뷰를 진행해 생생한 체 게바라의 모습을 전한다. 체 게바라가 남긴 거의 모든 저작물을 전기문에 인용해 전 세계에서 가장 많이 읽히는 전기를 완성했다는 평을 받고 있다.

『체 게바라의 라틴 여행 일기』

체 게바라 지음, 이재석 옮김, 이후, 2000

체 게바라의 가장 젊은 시절의 일기이면서도 가장 뒤늦게 출간되었다. 체 게바라가 여행을 마치고 일기를 정리했고, 책의 출간을 위해 쿠바에 살고 있는 그의 두 번째 아내가 다시 편집했다. 혁명가가 되기 전의 체 게바라의 모습을 만날 수 있다.

『먼 저편-체 게바라 시집』

체 게바라 지음, 이산하 옮김, 문화산책, 2002

혁명 중에도 틈틈이 책을 읽고 시와 일기를 썼던 체 게바라의 글 70편을 이산하 시인이 3년 동안 수집하고 편집해서 내놓은 책이다. 체 게바라의 혁명에 대한 열정과 인간적 고뇌, 번민과 사랑이 담긴 일기와 편지 등에서 엮어낸 간결한 명문들을 시집 형태로 묶었다.

『체 게바라』

슈테판 라렘 지음, 심희섭 옮김, 인물과사상사, 2007

'주어캄프 세계인물총서' 두 번째 권이다. 독일의 철학 박사인 저자는 '신화적 존재로서의 체'를 구성하는 요체는 다름 아니라 혁명의 이름으로 수행된 헌신이라고 말한다. 대중의 문화적 아이콘이 된 체 게바라의 지속인 매력의 원천과 그 영향력에 대해 분석한다.

사서의 북 큐레이션

『체Che, 회상』

알레이다 마치 지음, 박채연 옮김, 랜덤하우스코리아, 2008

체 게바라의 부인이자 혁명 동지인 알레이다 마치의 회고록이다. 아내에게 보낸 편지와 직접 쓴 시, 우편엽서를 비롯한 사적 기록을 통해 그가 혁명가로서의 영웅이기 전에 한 남편과 아버지로서 행동하고 느끼는 인간미 있는 사람이었음을 잔잔한 감동과 함께 전달한다.

『체 게바라의 홀쭉한 배낭』

구광렬 지음, 실천문학사, 2009

울산대학교 스페인·중남미학과 구광렬 교수가 펴낸 책으로, 젊은 비평가들에 의해 '2009년 최고의 책'으로 선정되었다. 체 게바라의 유품인 홀쭉한 배낭 속에 남겨진 녹색 스프링 노트에 담긴 69편의 시를 통해 체 게바라의 인생과 사상, 내면세계를 세상에 알린다.

『체 게바라의 볼리비아 일기』

체 게바라 지음, 김홍락 옮김, 학고재, 2011

1966년 볼리비아에 도착한 날에 시작되어 1967년 유로 계곡 전투에서 체포되기 전날에 끝나는 체 게바라 생애 마지막 일기를 출간한 책이다. 그의 사후 피델 카스트로가 '볼리비아 일기'라는 서명으로 발간했다. 주 볼리비아 대사의 스페인어 원전 번역본으로 가치가 높다.

『체 게바라의 모터사이클 다이어리』

체 게바라 지음, 홍민표 옮김, 황매, 2012

영화 〈모터싸이클 다이어리〉의 원작으로, 체 게바라가 친구 알베르토 그라나도와 함께 모터사이클을 타고 9개월간 라틴 아메리카를 여행한 일기이자 기행문이다. 여행과 모험을 즐기는 모터사이클광이었던 의대생이 가장 영향력 있는 혁명가로 변신하게 되는 과정을 그린다.

사서의 북 큐레이션

『체 게바라 자서전』

체 게바라 지음, 박지민 옮김, 황매, 2012 개정판

체 게바라 전집 1권의 개정판. '역사에 대한 목격자'로서의 체 게바라의 모습을 여행일기와 편지, 육필 원고와 인터뷰, 신문 기사, 그리고 그가 직접 찍은 사진들을 통해 생생하게 전달한다. 연대기적 구성으로 그의 사상과 신념의 성장 과정을 볼 수 있다.

『공부하는 혁명가-체 게바라가 쓴 맑스와 엥겔스』

체 게바라 지음, 한형식 옮김, 오월의 봄, 2013

마르크스주의에 입각한 경제 정책의 고안자이자 실행자로서의 체 게바라가 스스로 마르크스와 엥겔스에 대한 전기적 종합으로 일컫던 책이다. 체 게바라의 혁명적 투쟁과 개혁의 근간이 되었던 마르크스와 엥겔스의 저작들이 어떤 시대적 배경과 고민에서 탄생했는가를 치밀하게 파헤친다.

『아름다운 혁명가 체 게바라』

고담 엮음, 책마루, 2013

권력을 탐하지 않고 약자와 민중을 위해 모든 것을 내던진 삶을 살았던 체 게바라의 모습에 대해 그 어떤 이데올로기보다도 숭고했으며 깊고 오랜 여운을 남긴다고 의미를 부여하는 책이다. 권력과 부를 좇으며 바쁘게 살아가는 우리를 반성해 보자고 역설한다.

『체 게바라 혁명가의 삶 1, 2』

존 리 앤더슨 지음, 허진·안성열 옮김, 열린책들, 2015

국제 분쟁 취재 전문 기자인 존 리 앤더슨이 5년에 걸쳐 쓴 책이다. "이 책 이후로는 체 게바라에 관해 더 이상 덧붙일 것이 없다"라는 "체 게바라에 관한 최종적인 전기"라는 명성과 함께 신화에서 인간을 분리해 낸 거장다운 작업이라는 찬사를 받은 베스트셀러다.

사서의 북 큐레이션

『나의 형, 체 게바라』

후안 마르틴 게바라·아르멜 뱅상 지음, 민혜련 옮김,
홍익출판사, 2017

아르헨티나 좌파 운동을 이끌어 온 체 게바라의 동생이 '체 게바라 50주기 추모작'으로 발간한 이 책은 "체 게바라는 총을 든 게릴라 이전에 억압받는 민중 편에 선 세계 시민이었다!"라고 역설한다. 그것이 바로 체 게바라가 쿠바 혁명 정부에서 모든 권력을 내려놓고 다시 불의한 세상으로 나아간 이유라고 밝힌다.

『체 게바라의 100가지 말』

다카라지마사 편집부 지음, 송태욱 옮김, 아르테, 2017

체 게바라의 연설과 어록, 저서 속에서 주목할 만한 문구를 가려 뽑아 한 권으로 묶은 책이다. 한두 문장으로 구성된 체 게바라의 말에 대한 해설과 풍부한 사진을 통해 '체 게바라'가 갖는 현대사적 중요성을 돌아보고, 우리의 삶과 사회를 변화시키는 '혁명 정신'의 의미를 반추해 볼 수 있다.

『교육사상가 체 게바라』

리디아 투르네르 마르티 지음, 정진상 옮김, 삼천리, 2018

쿠바의 '교육사상가'로서의 체 게바라를 조명하는 책이다. '혁명 세대'이기도 한 쿠바의 교육 원로 리디아 마르티가 체 게바라의 연설문과 논문, 일기, 편지, 전투일지, 인터뷰와 메모 등 모든 기록물을 분석해 쿠바의 교육 시스템과 정책에서 체 게바라가 남긴 영향을 분석한다.

『게릴라전-약자가 강자에 맞서는 방법』

체 게바라 지음, 남진희 옮김, 걷는책, 2022

체 게바라의 저서 중 가장 유명한 책으로, 게릴라전에 대한 병법서다. 성공한 쿠바 혁명과 실패한 콩고전의 경험을 아우르며 전략과 전술을 분석한다. 1961년에 첫 출판된 이후 1966년 피델 카스트로의 제안으로 개정판 작업을 시작했으나 그의 죽음으로 완성되지 못한 아쉬움이 남는 책이다.

사서의 북 큐레이션

『Che in Verse』

Gavin O'Toole, Georgina Jimenez 편역,
Aflame Books, 2007

편역자는 런던퀸메리대학교에서 라틴아메리카 정치와 민주주의 이론을 가르친 저널리스트다. 체 게바라에 헌정되고 그를 찬미한 세계 53개국 작가들의 100편이 넘는 시를 모았다. 세계 각국의 시를 통해 체 게바라의 영웅적 이미지와 혁명적 업적을 통찰할 수 있다.

『Global Justice: Three Essays on Liberation and Socialism (The Che Guevara Library)』

Ernesto Che Guevara 지음, María del Carmen Ari García 서문,
Seven Stories Press, 2024

기업 세계화와 제국주의에 대한 체 게바라의 연설을 모은 연설 모음집이다. 그는 연설을 통해 제국주의적 침략과 착취를 비판하고, 새로운 사회주의 사회로 가는 길을 열어줄 혁명적 투쟁의 중요성을 강조한다. 전술과 전략을 통해 체 게바라의 철학, 정치, 경제에 대한 비전을 제시한다.

『The Che Guevara Reader: Writings on Politics & Revolution (The Che Guevara Library)』

David Deutschmann, Maria del Carmen Ari Garcia 편역,
Seven Stories Press, 2021

체 게바라의 연설, 에세이, 편지 등에서 엄선된 글을 통해 쿠바 혁명 운동의 입문서 역할을 하는 책이다. 전 세계의 동지들과 그의 자녀들에게 보낸 친밀한 편지 등을 통해 체 게바라가 주장한 국제적 연대의 중요성을 분석하고, 혁명으로 이어진 폭력적 저항의 의의를 성찰하게 한다.

『Congo Diary: Episodes of the Revolutionary War in the Congo (The Che Guevara Library)』

Ernesto Che Guevara 지음, Che Guevara Studies Center 편집,
Seven Stories Press, 2021

1965년 4월 체 게바라는 게릴라 200여 명을 이끌고 콩고로 가서 아프리카 해방 운동을 지원했지만 실패했다. 콩고 일기는 체 게바라가 실패한 콩고전에 대해 실패의 궤적을 솔직하게 고백하는 책이다. 여건상 출판이 어려웠던 책이어서 뒤늦은 출판이 더욱 반갑다.

초 판 1쇄 발행 2025년 6월 20일

지은이 송영심

펴낸이 김민성
편 집 문혜림
디자인 임수현

펴낸곳 구텐베르크
주 소 경기도 수원시 영통구 광교로156 광교비즈니스센터 6층
전 화 070-8019-3287   메 일 team@gutenberginc.com
인스타그램 @gutenberg.pub   블로그 blog.naver.com/gutenberg_

- 이 책은 저작권법에 따라 보호를 받는 저작물이므로 무단 전재와 무단 복제를 금지하며, 이 책 내용의 전부 또는 일부를 이용하려면 반드시 저작권자와 구텐베르크 출판사의 동의를 받아야 합니다.
- 책값은 뒤표지에 있습니다. 잘못된 책은 구입처에서 교환해 드립니다.

ISBN 979-11-990617-3-6 02990

새로운 시대를 위한 영감, 구텐베르크 출판사입니다. 좋은 도서만을 제작하겠습니다.